JN017420

続ければ　本物になる

帯指導の教科書

山崎克洋　著

はじめに

「継続は力なり」
「塵も積もれば山となる」
「ローマは一日にして成らず」

　そんな継続をテーマにしたことわざは、山のように存在します。

　でも、この継続するということを、自分だけの力で実現することは難しいです。

　だったら学級の中に、その継続できるシステムが存在すれば、自然と力がつくのではないでしょうか？

　そう思い、私自身が授業に多く取り入れるようになったのが「帯指導」です。

　帯指導とは、45分の授業のうち、短時間、継続的に行う学習活動の一つです。

　たとえば、代表的なものに漢字指導があります。

　国語の授業の冒頭5分～10分程度を、毎時間漢字指導にあてるだけで、子どもたちの漢字の定着はよくなります。

　これをほとんど教えず、「家で練習してきなさい」としてしまうと、できる子や家庭で取り組める子はできるけれど、それ以外の子たちは、何も勉強せずに授業に臨んで、ボロボロの結果が待っています。

　これでは、子どもたちが可哀想です。

　45分のうちたった5分や10分を、帯指導として使えるかどうかで、子どもたちの数ヶ月後の未来が変わっていきます。

　本書では、そんな短時間でできる帯指導を50種類紹介しています。

9種類の教科に関する帯指導に加えて、学級経営で大切にしている帯指導も掲載しました。

　帯指導と言っても、1年間同じことを続けるというわけではありません。

　帯指導に少しずつ変化を加える中で、より発展的に子どもたちの力を伸ばしていくステップを示しました。

　1学期～3学期のどの時期にどんな手立てを打てばよいのか目安を示したものです。

　この通りにやる必要はありませんが、若い先生方が実践する際の一つの指標になるかもしれません。

　帯指導は、決して、授業のメインディッシュではない、前菜にあたるようなものです。

　ですが、この前菜がメインの料理を引き立てる存在になります。

　そして、何より続けていく中で、子どもたちは間違いなく成長をしていきます。

　続ければ本物になる。

　帯指導を取り入れて、子どもたちの笑顔を増やしてみませんか。

山崎克洋

【この本の見方・使い方】

目安となる学年と、実施するのにおすすめの時間帯です。授業の時間全体のバランスを考えないと、本時でやりたいことができなくなるのは要注意。帯指導は多くて45分で2～3つ程度がおすすめ。

辞書引きバトル

対象 3・4年生

おすすめ時間 授業前半

3年生になると国語辞典の使い方を学びます。この国語辞典を帯指導として取り入れている先生も多いです。たくさんの語彙に触れる、日常的に言葉に触れるという活動が、国語の学習での基礎体力になっていきます。

帯指導の年間イメージです。学期ごとに書いてはいますが、この通りやらねばならないと思ってはいけません。子どもたちの実態を見ながら、自分の学級にあった年間計画を立ててみてもらいたいです。もちろん、まずはこの通りにやってみるのもおすすめです。

帯指導年間イメージ

子どもたちの辞書引きのレベルが上がっていく中で、少しずつ難易度を上げていきましょう。また、辞書引きのときと並行して、物語文や説明文の学習などでも、意味がわからない言葉があったら、辞書で言葉の意味を調べる文化をつくりたいです。自発的に辞書で意味を調べている子がいたら、それを取り上げて認めていくと、自然と辞書を引く文化が広がっていきます。

	1学期	2学期	3学期
実施内容	辞書引きバトル 初級・中級編	辞書引きバトル上級編・チーム編	コトバト 国語辞典作文
指導ポイント	辞書の引き方のコツをその都度教えていきます。	チームでフォローし合う雰囲気を大切にします。勝ち負けにこだわりすぎないように、週の中での実施回数は調整するとよいです。	コトバトでは、子ども同士で見つけた言葉の面白さを教師がまず価値づけていきます。国語辞典作文は週1回程度取り組みます。

帯指導のイメージイラスト。QRコードから特典や動画が見られるページもあります。

❶ 辞書引きバトル　初級編

「先生がお題を言います。その言葉を辞書で見つけたら、立って意味を次々と読んでください」

そう言って、お題を伝えます。

この際、黒板にも言葉を書いてあげると、視覚情報もセットなので、探しやすいです。

早く見つけた人は、近くの人をフォローしてあげるように伝えると、教室の中に活気が生まれます。

全員が見つけるまで待つ方法もありますが、ある程度　　　　次のお題を出していく方が、教室は熱中状態になって

また、最初の頃は、探しやすい順番で言葉を提示し　　たとえば、「赤（あか）」→「足（あし）」→「穴（あ

このように探しやすいものを最初に提示することで　　をもって辞書を引くことができます。

帯指導の具体的なやり方が書かれています。イメージとして、3学期の帯指導になると、子どもだけで取り組めたり、自分で表現したりする自由度の高い活動をなるべく増やしています。

35

第 **1** 章

続ければ本物になる
1年間で力をつける
帯指導とは?

続ければ本物になる
1年間で力をつける
帯指導とは？

① 帯指導がもたらした事実

「どうしてあの学級の子どもたちは、授業であんなに発言できるのだろう？」

「どうしてあの子どもたちの学級は、雰囲気がよいのだろう？」

「どうして……」

教師になってから数年間、ずっと先輩たちの学級を見ながら、そのことに疑問を抱き続けてきました。

あきらかに先輩たちの学級の子どもたちは、学習面も生活面も1年間でぐんぐん成長していくのです。

そんな私に先輩は次のように言いました。

「1年後、子どもたちがどんな姿になってほしいの？　その姿を教師が描き続けるんだよ。そして、それに向かって手立てを打ち続けるんだよ」

子どもたちの成長は願っていても、その当時の自分には目の前の子どもたちとの授業で精一杯で、1年先の未来などまったく見えていませんでした。

それから数年。

すべての学年を担任し終えた頃だったと思います。

　少しずつ、子どもたちの1年先の未来をぼんやり想像できるようになってきました。

　そして、わかってきたことがあります。

　『続けたことしか身にならない』

　当たり前のようですが、昔の私にとっては、わかっていないことが多かったです。

　授業一つひとつが単発、活動一つひとつが単発、思いつきの言葉がけの連続。

　1年間続けたことが少ないから、子どもたちの成長も少なかったのだと思います。

　そこから、意図的に取り入れることが増えたのが、『帯指導』というものでした。

　帯指導（帯活動）とは、次のように定義されています。

> ウォームアップの後に（又はウォームアップとして）、毎回の授業で短時間、継続的に行う活動のことです。例えば、10時間で構成するある単元の授業において、毎時間、10分程度繰り返し行う活動が「帯活動」です。また、単元を超えて継続した活動として設定する場合もあるでしょう。「中学校英語科教師のための指導資料、東京都教育委員会」

　帯指導を取り入れることで、自分の学級にも成長の姿は確実に増えていきました。

　「みんなと話し合うのがすごく楽しくなりました」

　「先生、暗唱で習った詩や文、全部言えるようになったよ」

　「初めて、二重跳びできるようになりました」

　「クラスみんなで、遊ぶのがいつも楽しいです」

帯指導が与えた子どもの事実は、保護者の方にも伝わっていきました。

「百人一首がすごく楽しいみたいで、家でも百人一首を買って毎日遊んでいます」

「算数の計算が少しずつ速くなってきました。ノートも丁寧になってびっくりしています」

「係活動で、みんなで係の出し物を考えることが楽しいと言っています」

子どもの事実から保護者の事実へとつながっていったのでした。

『続ければ本物になる』

そのことを帯指導が教えてくれました。

❷ 帯指導の取り入れ方

帯指導はきっと多くの学級で部分的には行われています。

ですが、その割合をもう少し増やしてみるのはどうでしょうか？

帯指導が増えることで、授業は安定し、子どもたちは自信に満ちた顔になっていきます。

子どもたちだけで学習が成立する場面も増えていくでしょう。

たとえば、帯指導を取り入れることができる場面は様々あります。

・朝の会　・朝のモジュール　・授業開始5分〜10分

・授業終了5分〜10分　・休み時間　・給食時間　・清掃指導

・帰りの会　・家庭学習

とりわけ45分の授業に一つでも帯指導を入れるだけで、授業の雰囲気は変わると思います。この際、気をつけたいのは、全体のバランスです。

たとえば国語なら、私は45分間を次のようにしています。

---

①漢字指導　5分

②暗唱　2分

③辞書引き　3分

④本時のメイン活動　30分

⑤百人一首　5分

ただし、本時の内容が長くかかる場合は、帯指導をしない日もあります。

つまり、無理のない範囲で取り入れていくということです。

本書で紹介する帯指導は50種類あるため、それらをすべて取り入れるのではなく、子どもたちの実態や伸ばしたい力を判断して、取り入れていただきたいです。

また、1年間、同じ帯指導を続けていても、マンネリ化してしまいます。

そこで本書では、学期ごとに目安となる帯指導を紹介しています。

たとえば、辞書引きなら、

	1学期	2学期	3学期
実施内容	辞書引きバトル 初級・中級編	辞書引きバトル上級編 ・チーム編	コトバト 国語辞典作文
指導ポイント	辞書の引き方のコツをその都度教えていきます。	チームでフォローし合う雰囲気を大切にします。勝ち負けにこだわりすぎないように、週の中での実施回数は調整するとよいです。	コトバトでは、子ども同士で見つけた言葉のおもしろさを教師がまず価値づけていきます。 国語辞典作文は週1回程度取り組みます。

このような形で学期ごとのイメージを紹介しています。

これらの学期ごとのイメージはあくまで目安です。

3学期のものを1学期に取り入れてもまったく問題ありません。

逆に1学期のものを2学期に遅らせてもよいでしょう。

大切なことは、子どもたちの実態に合わせて、教師が変化させていくことだと思っています。

子どもたちの成長に合わせて、活動内容を変化させていくことで、1年後の子どもたちの姿は大きく変わっていきます。

だからこそ、可能な限り、子どもたちの実態把握と目指すべき姿をイメージすることが大切だと考えています。

③ 帯指導が子どもを伸ばす　エビデンス

帯指導をしたら、子どもの力が伸びるということは、実感としてはあります。

ただ、どうして帯指導をすると、子どもの力が伸びるのでしょうか?

これには複数の要因があると思っています。

保護者に帯指導を説明するときの趣意説明として、次のようなことを伝える場合もあります。

(1) 分散学習

学習方法は大きく分けて2つあります。

それは集中学習と分散学習です。

集中学習とは間隔を空けずに学習することで、分散学習とは間隔をあけて学習することです。この2つで効率がよいのは分散学習の方です。

2005年にサウス・フロリダ大学のダウグ・ローレルが集中的な学習の長期的な効果について調べるために実験を行いました。

実験の対象となったのはサウス・フロリダ大学の大学生130名。

　2つのグループに分けて、実験をしました。

　①　学習のセッションを5回行う

　②　学習のセッションを20回行う

　グループ②はグループ①の4倍の量の学習をこなしてもらっています。

　その後さらに学習とテストの期間を3つ設け、それぞれ1週間、3週間、9週間後にテストを受けてもらいました。

　実験の結果、1週間後のテストでは集中的な学習を行ったグループ②がグループ①よりもテストで高い成績を収めました。

　その得点の差は約2倍でした。

　しかし、3週間後、9週間後のテストでは2つのグループの差はなくなりました。

　つまり、1週間では4倍の学習量の効果は確認されましたが、3週間・9週間と学習とテストの期間が長くなると学習量の効果は見られなくなりました。

　この実験結果から、集中的な学習は短期的には効果がありますが、長期的にはその効果が見られなくなることがわかりました。

　別の言い方をすれば、分散学習の方が、長期的に記憶の定着につながることがわかったのです。

　帯指導も、一度にまとめて覚える活動よりも、年間を通して少しずつ知識をインプットする指導が多くあります。

　帯指導で子どもたちの力が伸びるのは、この分散学習に即した学習方法だからなのでしょう。

（2）検索練習

　分散学習とともに、認知心理学の世界で効果が高いと言われている学習方法が、検索練習です。

　検索練習とは、記憶から情報を思い出す方法であり、テキストを読み直

すよりも学習効果が高い方法です。

　検索練習の効果を示す有名なものとして、2006年にワシントン大学の研究チームが発表した実験データがあります。

　この実験は検索練習の生みの親とも言われ、著書『使える脳の鍛え方』などで有名なヘンリー・ローディガー博士らが行ったものです。

　学生を2つのグループに分け、大学の講義で扱うような科学的な文章を読み、一方のグループは文章を再読し、もう一方のグループは文章を思い出すためのテストを受けました。

　2日後にテストを行ったところ、再読グループは54％の内容を思い出したのに対し、テストグループは68％の内容を思い出すことができました。

　1週間後に再度テストを行ってみても、再読グループが42％だったのに対し、テストグループは56％と、テストグループの方が覚えていました。

　これらの結果から、テストをすることで学習内容を思い出すことをしたグループの方が、記憶の定着率がよいということが証明されたのです。

　この他にも、検索練習の効果は数多くの論文から証明されてきています。

　本書で紹介している帯指導においても、この検索練習に通じる指導が複数登場します。
・都道府県ミニテスト
・フラッシュカード
・暗唱チャレンジ
・公式バトル
・九九チャレンジ
・Kahoot!による問題づくり
・理科スタモン　など
　このように記憶から情報を思い出す活動を帯指導に取り入れることで、子どもたちの学習は強化されていきます。

　もちろん検索練習の論文等を読むと、ただテストを繰り返せばよいわけではなく、それに伴う様々な教師のアプローチはセットにしていく必要があることがわかります。

　ただ、これらのエビデンスからも、帯指導が子どもたちにとって効果を発揮する指導の一つであると考えています。

❹ 続けると苦痛になる　NG帯指導7

　帯指導をこうすれば必ずうまくいくという方法は、実はあまりない気がします。

　ただ、これをやると、帯指導がうまくいかないというものはあります。

　そこで、NG帯指導として、私が帯指導でうまくいかなかった方法を7つ紹介します。

（1）子どものやりたいが生まれない帯指導

（2）変化のない帯指導

（3）できないが多い帯指導

（4）子どもにマッチしない帯指導

（5）続かない帯指導

（6）子どもを認めない帯指導

（7）教師の見栄のための帯指導

（1）子どものやりたいが生まれない帯指導

　帯指導は一歩間違うと、訓練的な苦痛を伴うことを続けることにもなりかねないです。

　子どもたちのやらされ感が高い形でスタートすると、間違いなく子どもたちのモチベーションは下がっていきます。

だからこそ、はじめての帯指導の時間は大切です。

　何のためにこの活動をやるのか、趣意説明をすることはもちろん、やってみて楽しい、やってみてできそう、そう思える取り組みでないと、子どもたちのやりたい気持ちは生まれてきません。

　このとき、大切なことがあります。

　それは、子どもたちと合意形成をすることです。

　「今日から、辞書引きバトルをやってみようと思います。先生がこれまで担任した子たちも、この辞書引きバトルで、辞書を引くのがぐんと早くなったんだぁ。みんなもやってみませんか？」

　そんな趣意説明と投げかけをすると、きっと多くの子が「やってみたい！」といった雰囲気になるでしょう。

　もし、それでもあまりやりたいが生まれないようなら、次のように言ってみます。

　「先生、やってみたいんだけど、１週間限定で、やってみませんか？」

　ここまで子どもたちに歩み寄る必要はないと考える人もいるかもしれませんが、クラスによっては、子どもたちとの合意形成を丁寧に進めないと、むしろマイナスに働くことだってあると思います。

　長期間取り組む活動だからこそ、気持ちよく帯指導をはじめる言葉がけを大切にしたいです。

（２）変化のない帯指導

　帯指導を実践すると、子どもたちはその活動に慣れていくので、非常にスムーズに学習をスタートできます。

　たとえば、社会科でやる地名探しも、授業開始と同時に子どもたちが自発的にグループで地図帳を使いながら地名探しを開始します。

　教師の支援がほとんどいらずに学習が進んでいき、子どもに学び方が身についている点では、とても素晴らしいことです。

　その一方で、下手をするとずっと同じ活動だけが続き、子どもたちにとっては楽しいけれど、学びがあまりない活動を続ける可能性もあります。

　だからこそ、先ほど紹介したように学期ごとに変化をつけて、活動を変えていきたいです。

　子どもたちが活動にマンネリを感じているかどうかという視点とともに、子どもにとって価値ある学びになっているかを見極めながら、活動を変化させていく必要があると思っています。

（3）できないが多い帯指導

　帯指導は、授業のたびに取り組むことが多い指導です。

　だからこそ、その活動が自分だけできない状態だと、毎回苦痛の時間になっていきます。

　たとえば、国語辞典の辞書引きも、辞書の引き方がわかっていない状態で、探しているだけで時間が過ぎてしまったら、本人もつらくなってきます。

　自分で探すことができた、自分が探したものを友だちにも紹介できた、そのような場面を意図的に教師がつくっていきたいです。

　たとえば、個別で辞書の引き方を教えることや、その子が開いているページの近くの言葉を意図的に出してあげることもできます。

　また、無理に個別でやり続けるのではなく、チームで辞書引きすることも場合によっては支援になります。

　そのように、「できない」を「できた」にする帯指導が必要です。

　このことは先ほどの、検索練習に関しての論文でも取り上げられることが多いです。

　『認知心理学が教える最適の学習法 ビジュアルガイドブック』の著者のヤナ・ワインスタイン、メーガン・スメラック、オリバーカヴィグリオリらは、検索練習について次のように述べています。

「検索練習を授業に取り入れる際の課題は、その難しさと成功のバランスを調整することです。検索をベースにした学習の最適化に必要な鍵は、検索に挑戦していることの確認だけではなく、検索が成功していることの確認です。基本的には、検索の難しさと成功のバランスの調整が大切です。」

このことからも、帯指導を実施する上で、帯指導の難易度については、常に調整し続ける必要があると考えています。

（4）子どもにマッチしない帯指導

すべての教育活動に言えることですが、子どもにマッチしない帯指導は避けるべきです。

たとえば、子どもの特性において、ペアでの対話を極度に苦手とする子がいるのに、それをやり続けるのは、マッチしていません。

勝ち負けに強いこだわりを示す子がいるのに、通常のルールのまま五色百人一首を取り組み続けるのも、その子にとってはつらいでしょう。

だからこそ、帯指導の内容を子どもたちの実態に合わせて、調整することが大切です。

たとえば、ペアでの対話が難しいならば、３人の対話を基本にして、聴いているだけでもOKの状況をつくってあげる方法もあります。

百人一首なら、最初のうちは、一人対戦の時間を設定したり、練習試合を多めに設定したりする方法もあるでしょう。

帯指導をやる、やらない２択で考えるのではなく、学級の子どもたちに合った形で、マッチさせる工夫が帯指導には必要です。

（5）続かない帯指導

帯指導の強みは、続けることです。

続けるから力になるものなのに、やったり、やらなかったりが続けば、

子どもの成長につながりません。

　むしろ、子どもたちができるようにならず、悪影響になる場合さえあります。

　だからこそ、帯指導をやるときには、原則固定した時間にやった方が子どもたちへの学習効果は高いです。

　いつどの活動をするのか、子どもたちのルーティンの一部になっていれば、子どもたち自身で学びを継続することができます。

　自立した学習者への一歩目は、学びのルーティン化をはかることにあると思っています。

　思いつきで帯指導を取り組むことがないように、子どもたちにどれくらいの期間で帯活導をしていくのかを説明します。これにより、教師もその約束を守るようになります。

（6）子どもを認めない帯指導

　帯指導をすると、子どもたちはどんどん力を伸ばしていきます。

　帯指導をはじめた頃は、教師も子どもたちを認め、励ましていくでしょう。

　しかし、帯指導が日常化してくると、教師の中で、その活動がマンネリ化して、子どもががんばっている姿がどこか当たり前の姿になっていきます。

　それではまったくもって意味がありません。

　クラス全員がたとえ同じ活動をしていたとしても、一人ひとりの成長速度はちがいます。

　だからこそ、その一人ひとりを見取ろうとしないと、子どもたちを認めることはできません。

　では、どうしたらよいのか？

　それは、一人ひとりが活動する帯指導を入れていくことだと思ってい

す。

　　・暗唱チャレンジで、みんなの前で暗唱する機会をつくる

　　・漢字指導で、個別で漢字スキルを見る場面をつくる

　　・朝の挨拶で、教師が必ず一言、子ども一人ひとりに言葉をかける

　　そのような個人へのアプローチができる場面をつくっていくことが大切でしょう。

　　また、帯指導をスタートした当初に、子どもたちの姿を映像として撮影しておくのも一つの方法です。

　　その時期の姿と３月の姿を比較することで、子どもたちの成長をはっきり見ることができます。

　　教師のマインドとして、常に子どもたちを認めようとすることは大切です。

　　しかし、そのマインドをもち続けることが難しいのであれば、仕組みを変えて、子どもたちのよさに目を向けてはどうでしょうか？

　　また、教師がなんでも認めるのではなく、子どもたち同士で、お互いの成長を伝え合う場面をつくるのもよいでしょう。

　　教師からの言葉よりも、高学年になると、仲間からの言葉がうれしい場合もあります。

　　日常的な風景にしないため、子どもたちを認めるための仕掛けが帯指導には必要です。

（7）教師の見栄のための帯指導

　　一つひとつの帯指導には、ねらいがあります。

　　たくさんの帯指導をとにかくやればよいわけではありません。

　　機械的に、子どもたちに反復学習をさせて、鍛えているのはだれのためでしょう？

　教師の見栄のためになっていないでしょうか？

　子どもの成長が実感しやすいからこそ、本当にその帯指導が子どもたち
の幸せにつながるのかよく考えて取り入れたいです。

　子どもたちの実態や学習指導要領、学級・学年の目指すべき姿などをしっ
かりと考えて、本当に必要な帯指導を取り入れていきたいと思っていま
す。

　私も本書で紹介する帯指導を、決してすべてやるわけではありません。

　教師の見栄ではなく、子どもの成長・幸せな姿をイメージして、帯指導
を組み立てたいです。

国語の帯指導

漢字の帯指導システム

対　象 ▶ 全学年

おすすめ時間 ▶ 授業前半

　帯指導の定番と言えば、漢字指導です。漢字指導については、様々な指導方法がありますが、私は光村教育図書の『あかねこ漢字スキル』をベースに帯指導を実施しています。

帯指導年間イメージ

　漢字指導は徐々に子どもたちだけで取り組むように促します。最初は、丁寧に確認をしながら、漢字の学び方の指導をしていくことが大切です。
　また、50問テストに向けての取り組みも変化をつけていきたいです。

	1学期	2学期	3学期
実施内容	漢字指導初期・中期 漢字50問テスト	漢字指導後期 漢字50問テスト	漢字指導まとめ 漢字50問テスト
指導ポイント	指書きや漢字学習システムをしっかり教えて定着を目指します。 子どもたちが自分たちで学習をスタートしている姿を奨励していくとよいでしょう。効果的な50問テストの取り組み方も教えます。	漢字の学習が習慣化される一方で、いい加減に指書きをする子も出てきます。指書きの意味を再度趣意説明するなど、確認が大切です。漢字50問テストに向けて、自分自身で取り組みを計画させます。	その学年で習った漢字の定着をはかるための時間を確保します。全員8割以上を目指したいところです テストに出てくる漢字の熟語を欄外に書けたら加点する取り組みを実施すると、熱中する子が出てきます。

1 漢字の学習初期・中期

1週間で完結する形を意識しています。

① 1日目・2日目→新出漢字を指書き・なぞり書き・写し書き

② 3日目→テストの練習ページ

③ 4日目→プレテスト

④ 5日目→テスト

週1回コンスタントに漢字を習熟できるシステムになっています。

『あかねこ漢字スキル』自体が毎日取り組むシステムになっているので、採用しているならそのままやればよいです。

しかし、教材として使わない場合は、同じシステムで学習を進めれば、ある程度の他の教材でも同様の効果は出ます。

1日で10個の漢字を覚えるよりも、それらを分けて少しずつ学習する方が脳の記憶に残りやすいです。

これを分散学習と言います。多くの帯指導がこの分散学習のロジックになっています。

② 1日目・2日目のポイント

最初に「指書き⇒なぞり書き⇒写し書き」のステップを教えます。

この時間は、丁寧に一つひとつの取り組み方とその意味を子どもたちに伝えたいです。

(1) 指書き

指は第二の脳と言われています。指には神経がたくさん通っており、指で書いた内容は非常に記憶されやすいのです。鉛筆で書いた内容よりも記憶されやすいという研究報告もあります。

子どもたちにはまずは書き順を言いながら指書きすることを徹底しています。

教室では熱心に何度も指書きする声がいつも響いています。

声に出して書き順を言うことで、手からの情報だけでなく、聴覚からの情報も脳に入っていきます。

(2) なぞり書き

漢字ドリルやスキルには、薄く書かれた字の手本があります。

これを鉛筆で丁寧になぞらせます。

「鉛筆が線から落っこちないように書きましょう」

子どもにはそんなことを伝えながら取り組んでいます。

これで、書き順と字のバランスを学習します。

(3) 写し書き

手本の字をよく見て、ていねいに写します。

　このときも画数を言いながら写していくことで、書き順も確実に覚える
ことができます。

　また、自分で手本を見ずにミニテストをする子もいます。

　この時点ではほとんどの子が漢字を覚えています。

　これにプラスして、国語ノートに漢字練習をしたり、空書き（空中で字
を書く）をして書き順の確認などをしたりしています。

　さて、この３つの指導によって基本的な新出漢字はある程度身につきます。

　しかし、だからといって子どもたちみんなが漢字テストで100点がとれ
るかというと、そんな簡単ではありません。

　子どもたちにとって、次なる関門はテストの練習です。

3　**3日目のポイント　漢字テスト練習**

　漢字テストの練習ページが漢字スキルには付いてきます。

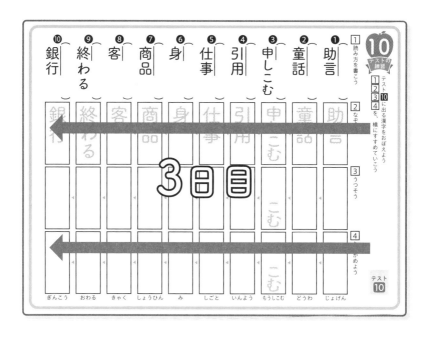

この際、書かせる順番にも意味があります。

このとき、注意すべきことがあります。

それは、漢字を縦に書くのではなく、横に書いていくことです。

同じ字を縦に永遠と書くのではなく、横に書いていきます。

人間は覚えて忘れてを繰り返します。ですから、一度書いてから、忘れかけた頃に漢字をもう一度書くようにします。

これにより忘却曲線に逆らうようにして、漢字の練習をしていく仕組みになります。

④ 4日目のポイント　自分テスト

この4日目は極めて重要だと考えています。脳科学者の池谷裕二氏は次のように言います。

「脳は『入力』よりも『出力』を重視する」

勉強における出力において効果的なものの一つは、「テスト学習」なのだそうです。繰り返し、パターンを変えてテストをすることで、確実に覚えられます。

また、この「自分テスト」をした際に大切なことは、

「間違えた問題だけしっかり練習する」

ということです。漢字の苦手な子の中にはすべての漢字を同じように練習しようとする子がいます。

これでは、時間だけかかってしまい、無駄な時間が増えるだけで、効率的ではありません。テスト形式でやり、間違えた問題だけを徹底的に覚えるまで練習するやり方は、受験勉強などでも同じです。

繰り返し同じ参考書を使い、間違えた問題だけをやることが合格への近道と、多くの受験予備校でも言われています。

このような自分テストの習慣は、生涯に渡って使える学習方法です。

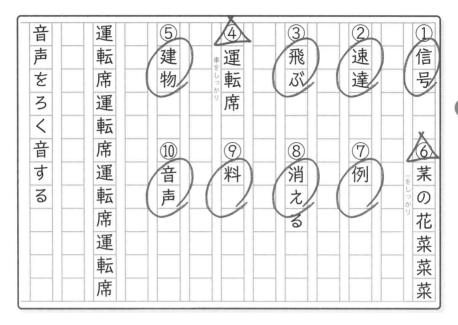

　ちなみに、この自分テストは、学校だけでなく家での宿題でもやること
になっています。

　これはダメ押しみたいなものです。

　上の図のようにテスト形式でやっています。

　テスト形式でやるという点は、自分で慣れるまでに時間がかかるものな
ので、保護者の方にもやり方を学級通信で伝えて、サポートをお願いする
ようにしています。

5　5日目のポイント　本番テスト

　子どもたちのほとんどが覚えた状態で挑戦できます。

　また、本番テストを終えた後は、さらなるレベルアップを願って、新出
漢字を使った短文をテストの裏に書かせる時間もつくっています。

　これにより、本当の意味での漢字の定着をねらっていきます。

6 漢字指導後期・まとめ

　漢字帯指導をする上で、大切にしたいことは、子ども自身に任せる部分や考えて取り組ませる部分を増やしていくことです。

　たとえば、国語の授業の最初の5分を毎日漢字指導にしていると、次のようなことが起きます。それは、授業の開始前から指書きをしている子の登場です。

　このような姿を見つけたら、めちゃくちゃ認めます。

　これをきっかけに、授業開始前から指書きをしたりする子が一気に増えていきます。

　ある程度、このような子が増えたら、教師の合図などなくても、学習をスタートさせてよいことにしていきます。

　こうすると、さらに子どもたちの意欲は高まっていきます。

　漢字の学習が終わった子への対応も同じです。漢字スキルが終わったら、教師がチェックをします。

　チェックをしたら、それで終わりとするのではなく、終わった子には次のように伝えます。

「自分に必要な学び方で漢字を学んでごらん」

　そうすると、スキルが終わった子どもたちは、次々と考えて学び出します。

　テスト形式で漢字をやる子、前回の漢字を復習する子、漢字の読みを声に出して確認する子、習った漢字を使って、漢字作文を書く子。

　それぞれ今自分が学ぶべきことを考えて選択していく姿が増えていきます。

　いわば、部分的な自由進度学習をやる形です。

　漢字の学習も最初は、こちらからやり方を教えていきますが、このようにどんどん学びを手放していくイメージでいます。

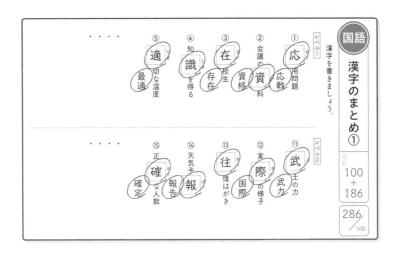

7 漢字50問テストに向けて

　漢字の帯指導と共に意識したいのが、漢字50問テストです。漢字50問テストは、子どもたちにとっても、保護者にとっても一大イベントになります。漢字50問テストを取り組む際に大切にしたいことがいくつかあります。

・事前に漢字テスト実施日と範囲を予告（2〜3週間前）

・学校でも漢字テスト練習の時間を確保

・漢字が苦手な子への個別での支援

・漢字50問テストの家での勉強の仕方を教える

・自主的な漢字学習への取り組みを価値づけ

　このようなことは最低でもやらないと、漢字の定着にはつながりません。子ども自身が計画的に漢字テストに向けて取り組めるように、教師のフォローが大切です。

　また、漢字が得意な子の力をさらに伸ばす意味で、土居正博氏の実践にある、問題に出てきた漢字を使って、余白に熟語を書くと加点する方式を採用することもおすすめです。

　子どもたちが楽しみながら語彙が増やすことができます。

辞書引きバトル

対象 3・4年生

おすすめ時間 授業前半

　3年生になると国語辞典の使い方を学びます。この国語辞典を帯指導として取り入れている先生も多いです。たくさんの語彙に触れる、日常的に言葉に触れるという活動が、国語の学習での基礎体力になっていきます。

帯指導年間イメージ

　子どもたちの辞書引きのレベルが上がっていく中で、少しずつ難易度を上げていきましょう。また、辞書引きのときと並行して、物語文や説明文の学習などでも、意味がわからない言葉があったら、辞書で言葉の意味を調べる文化をつくりたいです。自発的に辞書で意味を調べている子がいたら、それを取り上げて認めていくと、自然と辞書を引く文化が広がっていきます。

	1学期	2学期	3学期
実施内容	辞書引きバトル 初級・中級編	辞書引きバトル上級編・チーム編	コトバト 国語辞典作文
指導ポイント	辞書の引き方のコツをその都度教えていきます。	チームでフォローし合う雰囲気を大切にします。勝ち負けにこだわりすぎないように、週の中での実施回数は調整するとよいです。	コトバトでは、子ども同士で見つけた言葉の面白さを教師がまず価値づけていきます。国語辞典作文は週1回程度取り組みます。

① 辞書引きバトル　初級編

「先生がお題を言います。その言葉を辞書で見つけたら、立って意味を次々と読んでください」

そう言って、お題を伝えます。

この際、黒板にも言葉を書いてあげると、視覚情報もセットなので、探しやすいです。

早く見つけた人は、近くの人をフォローしてあげるように伝えると、教室の中に活気が生まれます。

全員が見つけるまで待つ方法もありますが、ある程度の人数が立ったら、次のお題を出していく方が、教室は熱中状態になっていきます。

また、最初の頃は、探しやすい順番で言葉を提示してあげましょう。

たとえば、「赤（あか）」→「足（あし）」→「穴（あな）」

このように探しやすいものを最初に提示することで、子どもたちも自信をもって辞書を引くことができます。

徐々に難易度を上げてあげると、子どもたちの辞書を引く力も伸びていきます。

② 辞書引きバトル　中級編

子どもたちがある程度、辞書引きに慣れてきたら、レベルアップをしましょう。

お題を教師が出すのではなく、早く見つけられた子が出すようにしていきます。

そのため、教師はだれが何番目に見つけたか伝えていきます。

「1番、2番、3番……10番」

このように言っていき、10番まできたら、次のお題にいくようなイメージでやっていきます。

何番までで終わりにするかは、子どもたちの様子を見て決めるとよいでしょう。

また、子ども同士が問題を出す際には、どうしても聞き取りづらくなるので、これも黒板に書いてあげると無駄なトラブルが減ります。

子どもにも2回繰り返し言ってあげるように伝えています。

問題を出そうと思って、子どもたちの熱中度がさらに高まります。

③ 辞書引きバトル　上級編

中級編までやっていくと子どもたちの中で、辞書を引く実力に差が出てきます。

そうすると、なかなか問題を出せなかったり、意味を調べられずに次の問題になってしまったりする子も出てきます。

そこで、次の一手として、小グループでの活動に変えます。

ルールは中級編と同じですが、それを5人程度の班で実施します。

この人数でやるため、意味を調べられるチャンスも、問題を出すチャンスも一気に増えます。

何より、活動量も増えるため、子どもたちの満足度も高まります。

④ 辞書引きバトル　チーム編

辞書引きバトルをチーム戦でやります。

「先生が出したお題の意味を全員が調べられたら、班全員で立ちます」

このようなチーム戦にすると、班の中での協力が生まれます。

ただし、チーム戦にすることで、調べるのがゆっくりな子が責められてしまう空気感ができるとつらいです。そうならないように、先手として、自分が調べられたら、どんな風にフォローしてあげるべきか？　といった問いかけを子どもたちにはしておきたいです。

また、このようなチーム戦は、たまにやるからよいのであって、いつもやるのはおすすめしません。

⑤ コトバト

辞書引きに慣れてきたら、ただ調べるだけでなく、語彙を増やす取り組みをしたいです。

その一つが『コトバト』です。辞書を使った語彙力バトルです。お題メーカーというお題ソフトをクリックすると、

「『あ』から始まる、楽しそうな言葉」

こういったお題が出されます。

出されたお題をみんなで調べて、このお題に一番ぴったりの言葉を調べた人が勝ちという辞書引きゲームです。

お題の難易度も、

①頭文字を決めて探す
②行を決めて探す
③辞書全部から探す

と変えることができます。

　私のおすすめは、①頭文字を決めて探す、やり方です。

　頭文字がそろえてやった方が、お互いの言葉を調べ合うことができて、辞書に触れる機会がより増えると思っています。

　コトバトのサイトには、最後には投票することになっていますが、投票をせずオープンエンドで終わる方法でもよいと思います。

　子どもたちの雰囲気に合わせて、ルールを変更してみるとよいでしょう。

　クラス全体でもできますが、チームで協力してたくさん言葉を集めるのも楽しいです。

6 国語辞典作文

向山洋一氏の実践に次のようなものがあります。

> 「青」と板書し、
>
> 自分が辞書をつくる人になったつもりで、次の言葉を説明しなさい

そう言って、青の意味を子どもたちなりに説明する文章をノートに書かせます。

・空の色

・海の色

・川の色

こういった意見を黒板に書かせて、検討するというものです。

最後に、実際に辞書で調べてみると、意味のちがいにびっくりしたり、予想した意味と似ていることに喜んだりする子が出てくる実践です。

この実践を日常の帯指導として、応用していきます。意味調べをただやるのではなく、教師が出したお題に対して、自分で意味を説明する作文を書きます。

その上で、辞書を引いていきます。

自分で調べたら、予想の横に正しい辞書の意味を写させていきます。

帯の指導のため、毎回長い時間は取れませんから、１日１題程度出すことになります。

暗唱チャレンジ

対　象 ▶ **全学年**

おすすめ時間 ▶ **朝の会、授業前半、朝のモジュール**

　保護者から驚き、感謝されるのが、詩や名文等の暗唱です。授業参観などで披露すると、みなさんびっくりします。何より子どもたちにとっても、１年間でたくさんの詩や名文を暗唱したことは大きな自信になります。

帯指導年間イメージ

　子どもたちが暗唱をする時間として、私は朝の会をメインに設定しています。

　毎朝３つの詩を暗唱するシンプルなものです。

　これに加えて、暗唱チャレンジの時間を設定して、国語の授業で暗唱できたかをテストすると、さらに盛り上がっていきます。

	１学期	２学期	３学期
実施内容	朝の暗唱	暗唱チャレンジ	暗唱発表会
指導ポイント	朝の時間ではなく、国語の授業で毎日取り入れる方法もあります。１年間続けます。	合格したら拍手、失敗したら「ドンマイ♪」あたたかい雰囲気で取り組みます。	群読や交代読みなど、暗唱の仕方を変えると見応えある発表になります。

❶ 朝の暗唱

暗唱の当番の子が、朝の会で、その日に暗唱する詩の題名を言います。

「じゅげむ」（じゅげむ、じゅげむ、ごこうのすりきれ……）

1日に3つ程度暗唱をするというシンプルなものです。毎日2分程度で終わる活動で、学級にも取り入れやすいです。使う暗唱の素材は、先生が好きな詩や名文を冊子にして、子どもたちに配る方法もあります。また、正進社の『話す聞くスキル』を教材として採用することも私は多いです。素敵な詩や名文がたくさん入っているので、子どもたちにも人気の教材です。

暗唱する文は、2週間に1つずつ増やしていき、1年間続けます。

❷ 暗唱チャレンジ

子どもたちがある程度暗唱ができるものが増えてきたら、暗唱チャレンジの時間を国語の授業で週1回程度設けます。

これは、自分が暗唱できるようになった文をみんなの前で発表するものです。

暗唱できたら合格、間違えたらまた次回挑戦します。みんなの前で暗唱を披露することは、かなり緊張するものですが、よい経験になります。

早く合格した人は、ミニ先生として、暗唱チャレンジの審査資格を与えて、自由に暗唱チャレンジをミニ先生に受けにいくシステムにすることもできます。

子ども同士の交流も生まれて、さらに活性化します。

❸ 暗唱発表会

授業参観や学習発表会で暗唱を発表する場を設定します。暗唱の中に、群読のようなものを入れておくのもよいかもしれません。子どもたちが成長した姿を保護者や学校の人たちに見てもらえるチャンスです。

五色百人一首
エスカレーターゲーム

対　象 ▶ 全学年

おすすめ時間 ▶ 朝の会、授業後半、学活

　私のクラスで、子どもたちが大好きになる帯活動No.1は、五色百人一首です。百首の和歌を20首ずつ色で分けて、短時間で取り組めるようにした、教室用の百人一首です。

● 帯指導年間イメージ

　1日5分で取り組めるのが五色百人一首のよさです。

　シンプルに続けるだけでも熱中しますが、学期ごとにイベント的な取り組みを入れると、その盛り上がりもさらに高まります。

	1学期	2学期	3学期
実施内容	五色百人一首 エスカレーターゲーム	五色百人一首大会	百首取り
指導ポイント	朝の会や国語の時間に5分程度を1年間続けます。五色あるので1ヶ月に1色ずつ教えます。	係活動として子どもたちが企画する場合もあります。青色大会、黄色大会など札の色を決めて取り組みます。	みんなで協力して1枚でも多く取ることを目標にします。百首すべて並べて3～4人で札を取ります。

1 五色百人一首エスカレーターゲーム

　五色百人一首の基本的な取り組み方は、五色百人一首協会から出されている動画をQRコードから見ていただくのがわかりやすいです。

　最初のルール説明をして体験するときには時間はかかりますが、毎日続けていくと、準備や片付け、そして、教師の読むスピードが上がることで５分程度で実施できます。

　毎日実施する際に、一つ工夫したいのがエスカレーターゲームです。

　エスカレーターゲームでは、勝ったら上の席、負けたら下の席に移動する方式です。このやり方にするメリットは、自分の実力が近い人同士が対戦できるため、試合が白熱しやすいです。

　また、子どもたちが慣れてきたら、札を読むスピードを速くしたり、上の句や決まり字だけ読んだりするなど、読み方の工夫もおすすめです。

2 五色百人一首大会

　子どもたちが五色百人一首に慣れてきたら、大会を開催するのも楽しいです。大きなトーナメントをつくってもよいですし、リーグ戦をしてから決勝トーナメントをつくる方法でもよいと思います。

　くやし涙、勝った涙、たくさんの笑顔が生まれる素敵なイベントになります。

3 百首取り

　百枚の札をすべて並べて３〜４人で札を取ります。

　この際は、対戦形式でもできますが、みんなで百枚取ることを目標にすると、自然と協力が生まれます。

1分視写トレ

| 対象 | 全学年 |

| おすすめ時間 | 授業前半、朝のモジュール |

何かを書き写すという時間は、学校で多くあります。

　この視写をする力を高める時間を帯で取っていくことは、子どもたちの視写の力を伸ばすだけでなく、集中力を高めることにもつながります。

帯指導年間イメージ

　視写をする時間は国語の授業時間で確保します。

　1分だけだからこそ、子どもたちも全力で取り組めます。

	1学期	2学期	3学期
実施内容	視写アセスメント 1分視写トレ	10点視写と スピード視写	セレクト視写
指導 ポイント	4月の段階で、まずは1分間でどれくらいの文字が書けるか、一人ひとりアセスメントします。	丁寧さとスピード、どちらも鍛えるために、2種類の1分視写トレを実施します。	図書室や家から持ってきた自分のお気に入りのお話を視写します。漢字が難しすぎる作品は避けるように伝えます。

1 視写アセスメントと1分視写トレ

　4月の段階での子どもの書く力を把握することは大切です。

　視写のプリントなどを用意して、10分程度視写をする時間を取ってみます。

　この視写で把握したいことは、子どもたちの文字を写す速度とともに、丁寧に字を書く力、集中力などをアセスメントします。

　その後、1分間視写トレを国語の時間実施します。

　視写の題材は、教科書の物語文を使い、それを視写します。

2 10点視写とスピード視写（渡辺道治氏追試）

　視写に慣れてきたら、2つの目的に分けて1分視写トレを発展させます。

　10点視写はとにかく「丁寧さ」を見ます。

　『濃く、大きく、丁寧に♪』が合言葉です。

　それに対して、スピード視写は、「スピード重視」で視写をしていきます。

　2種類の視写を続けてやるので、2分間やることになります。

　どちらも、何文字書けたのかカウントすることで、自分の成長を実感できます。

3 セレクト視写

　自分で好きな本や写したい言葉を選んできて、視写をします。

　高学年になると、好きな小説を選んでくる子や偉人の名言を視写する子など、子どもたちの個性が出せる楽しい視写トレになっていきます。

　もっと書きたいと子どもたちからお願いされますが、あえて1分だからこそがんばれるので、基本的に時間の延長はしません。

言葉の宝箱

対　象 3〜6年生

おすすめ時間 授業前半、言語活動の単元

　語彙を増やすための指導の一環として、光村の教科書の巻末には、『言葉の宝箱』というものがあります。

　これを応用して、語彙を増やす取り組みを年間を通して実践しています。

帯指導年間イメージ

　教科書の巻末の『言葉の宝箱』を使うとともに、タブレット端末も活用して、語彙を増やしていく活動をしていきます。学年の実態によっては、タブレットを使わず、ノートでやる方法もあります。

	1学期	2学期	3学期
実施内容	言葉の宝箱	つなげて言葉の宝箱	言葉の宝箱　作文
指導ポイント	2〜3週間に1回程度実施。教科書のものを最初はテーマにしますが、徐々に教科書にないテーマも扱います。	最初は、連想しやすいテーマをお題にする。その後、本時の授業と関連したテーマや内容にすると効果的です。例）説明文の題名	3学期としていますが、『漢字の広場』の学習の際に、その都度扱っても効果的です。

1　言葉の宝箱

　光村の教科書の巻末にある『言葉の宝箱』にあるものをテーマに、言葉集めをノートにしていきます。

　たとえば、『心情（気持ち）を表す言葉』を1分間でできるだけたくさんノートに書いていきます。

　書き終わったあと、近くの人と紹介し合ったり、巻末の『言葉の宝箱』の言葉を見てつけ足したりします。

　学年によっては、タブレット端末を使って実践する方法もあります。

　Jamboardやpadletなどのアプリを使って、言葉集めすると、お互いの考えを即時に共有することができます。

2　つなげて言葉の宝箱（小嶋悠紀氏修正追試）

　伝えたテーマをもとに、みんなで関連する言葉をつなげていく活動です。

たとえば、『青』→『空』→『飛行機』

マインドマップの形式で、ノートに語彙をウェビングして広げていきます。

学年によっては、タブレット端末を使い、miroなどのアプリを使って、タブレット上で実施することもできます。

③ 言葉の宝箱　作文

『言葉の宝箱』や『漢字の広場』のページを使って、作文を書きます。

教科書に出てくる一つの言葉を使ったら10点、たくさんの言葉を使って作文を書ければ、高得点をゲットできる作文ゲームです。

途中、意味がわからない言葉があれば、その都度、辞書を引かせると、さらに語彙が増えていきます。

この際、登場人物を設定すると、楽しい作文になります。

「たかしくんは、『国語』の時間、『話し合い』をしました。すると、はなこさんから……」

授業の時間で何度か取り組んだら、家庭学習（自学）などと関連させて、取り組む子が出てきたりします。

子どもたちには、接続詞を使うと、話が長くしやすいことも合わせて指導しています。

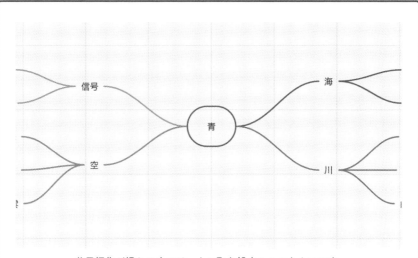

共同編集が慣れるまでは一人で取り組ませるのもよいです。

山崎克洋 • 1分未満
言葉の宝箱

気持ちを表す言葉　⋮　　セクションを追加

\+

美しい　⋮

安心する　⋮

悔しい　⋮

腹立たしい　⋮

悲しい　⋮

すがすがしい　⋮

恐ろしい　⋮

優しい　⋮

嬉しい　⋮

「読んだ人が嫌な思いをする言葉は避けましょう」と伝えると、トラブルを防げます。

俳句レベルアップ

1年間で一度、教科書の学習の一環で俳句を扱うことはあります。ただ、年1回だけでは、俳句を書くスキルは高まりづらいです。俳句のレベルアップを目指して、俳句の授業を何度も扱いましょう。

帯指導年間イメージ

教科書では、春、夏、秋、冬のタイミングで、俳句に触れるページがあります。

そのタイミングを使いながら、年間3〜4回、俳句を書く機会を保障したいです。

	1学期	2学期	3学期
実施内容	俳句の基本指導	写真俳句	保護者参加型俳句会
指導ポイント	春と夏の2回程度実施できるとよいです。一つよいものをつくろうとするより、多作する中で、よい作品ができることを伝えます。	校庭や学校の近くの公園に行って、写真を撮影し、それをもとに俳句をつくります。Jamboardなどを使って作成します。	保護者にも応募してもらい、お気に入りの俳句を投票してもらいます。Googleフォームなどでアンケートを作成して実施します。

❶ 俳句の基本指導

俳句の基本について次のようなステップで指導します。

（１）たくさんの俳句をクイズ形式で例示として紹介

（２）俳句のつくり方のステップを教える

　①題材を決める

　②ルールを確認して書いてみる（季語、五・七・五の十七音）

　③多作する、その中から１つを選ぶ

　④表現方法の工夫をする（擬人法、倒置法、体言止め、比喩、オノマト

　　ペなど）

　⑤画用紙などに清書する

　表現方法の工夫については、すべてを教えようとせず少しずつ教えていったり、子どもたちの中で表現を工夫している子の作品を取り上げていくとよいです。

❷ 写真俳句

　季節ごとの俳句もおもしろいですが、それにアレンジを加えた写真俳句もおすすめです。自分がタブレット端末で実際に撮影した写真などを使って、俳句を考えます。自分が感動した一瞬を写真とともに言葉で表現します。

❸ 保護者参加型俳句会

　俳句を１年間取り組んだ集大成として、俳句会をやっても楽しいです。

　学級通信などでクラス全員の俳句を、名前を伏せて掲載します。

　その上で、どの俳句が気に入ったか、子どもたちや保護者も巻き込んで投票してもらいます。また、保護者の方にも有志で俳句をつくって応募してもらっても楽しいです。

日記・作文ワーク

対象 全学年

おすすめ時間 書くことの単元、朝のモジュール、家庭学習

子どもたちの書く力を伸ばしたいと思ったときに取り組むのが作文です。しかし、書く単元の時間だけでは、どうしても単発で終わってしまいます。そこで年間を通して、日記と作文指導を連動して実施していきます。

帯指導年間イメージ

１ヶ月に１回程度作文についての指導をしていきます。

私が特に参考にしているのが、村野聡先生の『圧倒的な作文力が身につく！「ピンポイント作文」トレーニングワーク』です。

この中の実践を参考にして、年間的に少しずつ作文を指導し、その習熟を日記でしています。その際、教科書の書くことの単元で指導すべき事項を確認して、年間でどのような内容を教えるべきか、必ず調整をします。

	1学期	2学期	3学期
実施内容	ベーシック作文ワーク	説明文や物語文ワーク	レトリック作文・日記ワーク
指導ポイント	原稿用紙の正しい使い方や常体・敬体の作文ワークを実施します。	説明文や物語文の単元とも関連して、それぞれの書き方を教えます。学年によっては、１学期にやることもあります。	レトリックとは言い回しの工夫です。比喩や擬人法など俳句でも教えたりする表現方法を使って作文を書くことを教えます。

❶ ベーシック作文ワーク

　原稿用紙の正しい使い方や常体・敬体の使い方などについて、前述の村野先生の書籍や次ページのQRコードにあるホームページのワークを使って教えます。視写をする活動が基本ですが、視写以外にも間違っているものを直すようなワークもあり、子どもたちも楽しんで取り組めます。

　金曜日の授業で扱い、週末の宿題として取り組んでくるようにします。

❷ 説明文や物語文ワーク

　説明文や物語文を書く単元は教科書によく登場します。

　その単元と連動して、村野先生の作文ワークで教えます。

　「視写」→「間違い探し」→「創作」このようなスモールステップで取り組めます。

また、物語文は、四コマ漫画作文となっており、起承転結の段落構成を学ぶのに最適です。

③ レトリック作文・日記ワーク

　俳句の授業でも教えたりするレトリックを、積極的に使って作文や日記を書きます。

　「オノマトペをできるだけたくさん使って作文を書きます。一つ使うと10点です」

　このようなことを指示して、日記を書きます。

　例）ギラギラと照りつける太陽。もう僕ののどはカラカラだった。このままではフラフラで倒れてしまう。そのとき……（3点）

　このように、作文や日記を書くときにルールをつくることで、熱中して子どもたちは書きます。

村野聡先生のホームページ『向山式200字作文ワーク』が大変参考になります。

以下のようなオリジナルワーク集が多数掲載されています。ワークは上半分が「解答つき」、下半分が「解答なし」となっています。A4用紙に印刷して活用してみてください。

```
［視写］

年組名前（

一　作文を原稿用紙の使い方に気をつけて視写しなさい。

音楽

ぼくは音楽が大すきです。お母さんに、○○○○

ぼくは音楽の勉強が一番すきだ。」

「あなたはいつか作曲家になれるわよ。」

と言うと、

と言われました。

なんだかうれしかったです。

＊名前（○○の部分）は自分の名前を書きます。
```

対話的な
学び方トレーニング

対象 全学年

おすすめ時間 話す・聞くの単元、本時のメイン活動、各教科

　子どもたちが主体的・対話的で深い学びを実現するためには、子どもたちに対話の仕方を教えていく必要があります。対話ができるクラスになるための様々なアプローチを、国語を中心にしていきます。

帯指導年間イメージ

　対話ができるためには、子どもたちの心理的安全性が高まっていないとできません。そして、それとセットで、対話する必然性が授業にないといけないと考えています。ただ、その前提条件はすぐに整うわけではありません。だからこそ、その対話の前提条件を整えるのと同時並行で、土台となる対話的な学び方を少しずつ子どもたちに教えていきます。

	1学期	2学期	3学期
実施内容	対話トレーニング① 聴き方・話し方指導、ペア・グループトーク、相互指名、指名なし発表	対話トレーニング② 指名なし討論（フォローあり）、司会言葉	対話トレーニング③ 子どもだけの深い学びを目指した授業（フォロー最小限）
指導ポイント	対話の基本となることなので、繰り返し他教科でも指導をします。	指名なし討論によって、発言がしづらくなっている子はいないか、お客さんになっている子はいないか教師は見取ります。	子どもたちに任せる勇気が必要です。ただし、任せることと放任はちがうので、必要な場面では教師もフォローします。

1 対話トレーニング①

（１）聴き方指導

　４月の出会いの日から、聴き方の指導はスタートします。

　教師の話をしっかり聴いている子を取り上げながら、聴き方の価値づけを繰り返ししていきます。

　教師自身、聴いてくれていることに対して、「真剣に聴いてくれてありがとう」といった感謝の言葉を繰り返していくと、聴く雰囲気が広がっていきます。

　またそれとセットで、いくつもの語りを入れていきます。

　たとえば、次のような語りです。

　みんなの心の中には、コップが１つあります。このコップは先生の話や友だちの話が入るコップです。

　ところが、このコップはあなたたちがよそ見をしたり、おしゃべり

をしたり、手で何かイタズラしたりしていると倒れてしまいます。

　そうすると、コップには相手の話、つまり、あなたが成長するために必要な言葉が一切入りません。

　そして、時には相手を傷つけてしまうことだってあります。

　だからこそ、先生の話や友だちの話を聞くときは、話がこぼれないように、いつも心のコップを上向きにしておきましょう。

　それが、自分と相手を大切にする聴く心につながります

　このような語りと子どもたちへの価値づけ、言葉がけで聴き方の土台ができていきます。

（2）話し方指導

　話すことが得意な子もいれば、苦手な子もいます。

　だからこそ、みんなができる活動から、話し方の耐性をつけていきます。

　たとえば、4月の最初にみんなで自己紹介の時間を設定します。

　これも、型を示して、練習の時間を確保します。

　「私の名前は〇〇です。好きなことは〇〇をすることです。1年間よろしくお願いします」※最後の一言は工夫してOK

　このような型を示して、ノートやメモ帳に書いてよいことにします。

　そして、それを個人やペアで練習してから、全体で自己紹介します。

　「型を示す」→「練習」→「発表する」→「即時評価」

　基本的には、このロジックを繰り返していくと、子どもたちの発言力は高まります。

　普段の発表においても、いきなり発表を求めるのではなく、ノートに意見を書いたり、書いたことを練習したりする時間を取るだけで、発表に自信がもてます。

もちろん、徐々に、ノートを見ないで発表したり、準備なしで発表できたりする力はつけてほしいですが、初期の頃はこのステップが大切だと思っています。

また合わせて、子どもたちの発言を即時評価していくことが大切です。

「しっかり聞こえたよ」「よくわかったよ」「なるほどなぁ」「OKだね」

そのような言語での評価もあれば、目線や表情、うなずき、ハンドサインでも、発言を価値づけることができます。

また、発言を評価する際は、事前に評価の観点を示してあげたいです。

「今日は、発表するときに、教室の一番遠くにいる子に届くように発表してごらん」

そのような観点を予告するだけで、子どもたちは意識して発表を工夫するようになります。

（3）ペア・グループトーク

ペアやグループで話す際、最も大事なことは、よい聴き手を育てることだと思っています。

ペアで話したときに、相手が話したくなる聴き方というのを教えていきたいです。

教えると言っても、多くの場合、子どもたちは大切なことを知っています。

だからこそ、子どもたちに問う形で、ペアやグループでの対話のポイン

トを引き出していきます。

「ペアで話すときに、どんなことを大切に相手の話を聴きますか？」

→「うなずきながら」、「笑顔」、「質問をする」…

こういったことを引き出したら、実際にそれがないと、どれくらい対話がしづらいか体験します。

「Ａさんは、好きな食べ物について話します。Ｂさんは、まったく無反応でいてください」

そう言って、１分程度の対話の時間をとってみましょう。

子どもたちに感想を聞くと、

「話すのがつらかった」「反応してほしかった」

そのような素直な声が出てくるでしょう。

お互いに体験した上で、今度は反応ありでやると、対話のしやすさにみんなびっくりするものです。

このような対話の体験を１学期にすることで、対話で大切にしたいことが学級で確認できます。

その上で、子どもたちの質問力を育てていきたいです。

そのために、教えたいのが様々なクローズドクエッションとオープンクエッションです。

クローズド→「何の果物が好きなの？」「果物はいつ食べることが多いの？」

オープン→「どうして果物が好きなの？」「もう少し好きな果物のこと詳しく教えて？」

こういった質問の工夫についても、その都度教えていきます。

授業の中で、ペア・グループトークを継続的にやっていくとともに、朝の会で２分ペアトークの時間を設定するのも楽しいです。

（4）相互指名、指名なし発表

相互指名は、発表した人が、次に発表する指名方法です。

　この相互指名も最初はギクシャクして、うまくいきません。

　指名する人が大切にすべきことを、やりながら少しずつ教えていきます。

　たとえば、すぐに指名する、男女関係なく、なるべく指名されていない人など、このような大切にすべきことができるようになるまで取り組みます。

　指名なし発表は、発表したい人がその場で次々と立って指名していく方法です。

　発表する人の次に発表する人は、立って待っておくルールにしておくとスムーズに発表できるようになります。

　自分の意思で発言ができ、慣れてくると発言数が増えるため、私は多く取り入れています。

　ただし、この指名なし発表も身につくまで時間がかかります。

　最初のうちは、発表したい子が立ちすぎて、発表がストップすることが多いです。

　そのため、教師は発表することを譲った子を価値づけながら、譲り合いながら発表する作法を教えていきます。

　指名なし発表を練習する際は、簡単な問いでまずは練習するとよいでしょう。

「今日の朝ごはんは何でしたか？」

「給食の感想はありますか？」

　このようなことから繰り返しやっていくと、授業の中でも自然と指名なし発表ができます。

② 対話トレーニング②

（1）指名なし討論

　指名なし発表がある程度できるようになってきたら、指名なし討論を教えていきます。

　テーマ『夏に行くなら、海か山か？』

指名なし討論の手順は次のようになります。

①自分の意見をノートに書く

②人数を教師が確認する（子どもが確認する場合もある）

③少数意見から指名なし発表をする（少数の人が後で言いづらくならないため）

④多数意見から指名なし発表する

※発表中は、聴く側は質問や反対意見をメモする

⑤質問や反対意見がある人は、発表する

例）山派の人に質問です。夏に山で過ごすと、どうして涼しいと思うのですか？

⑥分かれた意見を取り上げて、焦点化して話し合う

（ペアやグループでの対話を途中入れる）

⑦最終的な意見をノートに書く

（自分の意見だけでなく、相手の意見に共感できたり、疑問に思った点も書けるように促す）

⑧最終意見を発表する

（意見が変わった子を取り上げて理由を詳しく聞くのもよい）

⑨最終的な意見の分布を聞く

　このように、教師が司会進行をしながらも、基本的には子どもたちが指名されずに話し合いをしていく学び方です。

　最初は、子どもたち自身に知識（内部情報）がある簡単なテーマから始めていくとよいです。

　その上で、日々の授業の中で、討論が成立する問いがあったときに、指名なし討論を実施していきます。

　あくまで、指名なし討論は手段のため、これを目的にやることはほとんどありません。

　ただし、初めてのときは、例に挙げたテーマのような簡単なもので指名なし討論の基本を教えることが多いです。

（2）司会言葉

　指名なし討論での教師の介入をもっと減らす方法として、「司会言葉」を子どもたちに教えるものがあります。

　司会言葉とは、教師が指名なし討論を仕切るときに使っているような言葉を、子どもたち自身に教え、使えるようにしていくことです。

　たとえば、次のような司会言葉があります（P.65）。

「話し合いの隊形にしてください」

「山派の人は手を挙げてください」

「海派の意見に反対の人は、意見はありますか？」

「山派の方が多いようですが、海派の人は反論はありますか？」

　こういった言葉を実態に応じて教えていきます。

　子どもが司会をすることで、教師は子どもの意見に耳を傾けたり、板書をしたりすることに集中できます。

　ただし、話し合いを深めるべきときには、教師が司会として登場し、焦点化する発問を投げかけることもあります。

　ちなみに、この司会をする人は、私のクラスでは特に指定せず、だれがやってもよいことになっています。

　このあたりの譲り合いも、身につけさせたい学び方の一つです。

（3）対話の価値づけ黒板

　子どもたちの対話のスキルを高めていく上で、聴き方、話し方、司会言葉といったものを即時評価していきたいです。

　そのための一つの方法が、対話の価値づけ黒板です。

　指名なし討論などをして話し合いをしているときに、授業の内容を板書し

ながら同時に、子どもたちの対話のよさを板書の左側に位置づけていきます。

　板書をする慌ただしさはありますが、子どもたちに現在進行形で対話のよさを価値づけることができます。

　ただし、この対話の価値づけ板書は、たまにやるからよいのであって、いつもやることはよくないと思っています。

　なぜなら、対話の目的から意識がそれる可能性があるからです。

　子どもたちの対話のよさを広げる必要性を感じたときに、1ヶ月に数回やる程度でよいと思っています。

3 対話トレーニング③

　3学期になってくると、子どもたちだけで対話が進む場面が増えていきます。

　大切なことは、その中で、どれだけ深い学びにつながる問いや場面を設定できるかです。また、その際に大切なことは、対話の場面で、教師の存在感を消していくことです。

　指名なし討論などの日々の授業で対話をする場面で、いつまでも教師が前に立って、司会をしていてはいけないと思っています。

　できるだけ、教師は子どもたちの様子を見守りながら、必要なときだけ前に立ちたいです。

　当然、声をかけたくなる場面がたくさんあると思います。

　それでも、グッと我慢をして、様子を見守ります。

　どうしても気づかせたいことは、教えるというよりも、子どもたちに「問う」中で、対話を促進させていくことです。

　「今日の話し合いはどうだったかな？」

　「みんなの考えは深まったかな？」

　そんな問いかけを通じて、よりよい対話を子どもと目指していきます。

司会言葉リスト

①巻き込み
「同じ人ばかり発言していますが、他の人はどうですか？」
「反対意見のある人が発言してください」
「まだ意見の言っていない人発言してください」
「○○について、周りの人と話し合ってください」

②転換
「話題を変えてもいいですか？」

③根拠
「その意見の理由はどこに書いてあるのですか？」
「なぜ、そのように考えたのですか？」

④提案
「○○について意見が分かれています。みなさんどちらだと思いますか？」
「○○という意見が出ましたが、そのことについて話し合ってもいいですか？」

⑤要求
「もうちょっと大きな声で言ってください」
「もう一度言ってください」
「聞いてください」「話し合いをいったん止めてください」
「話がずれているので、話をもとに戻してください」

⑥確認
「では、○○に賛成でいいですか？」「質問はありませんか？」

⑦進行
「Aの意見の人言ってください」
「時間なのでまとめに入ってください」
「○分から話し合いをするので、考えをまとめておいてください」

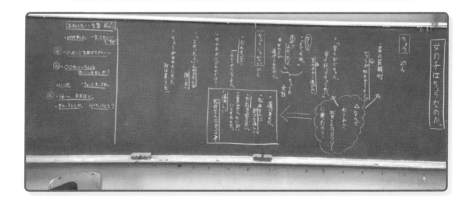

読解力を伸ばす帯指導
（物語文）

対象	全学年

おすすめ時間	物語文の単元

　読解力を伸ばすことは、国語科の学習では非常に大切なことです。

　しかし、他教科とちがい、物語文や説明文で学んだそれぞれの読みの力を使っていく意識が、教師にも薄い気がしています。

帯指導年間イメージ

　1学期に教えた読みの観点を2学期以降使っていく場面を意図的に設定したいです。今回は、物語文に限定して紹介します。

	1学期	2学期	3学期
実施内容	読みの観点指導	自力読みの指導	自由進度による 自力読みの指導
指導ポイント	読みの観点を掲示物として位置づけておくとよいです。	子ども自身で読み解く時間をしっかり確保しましょう。自分一人で読み解けない子への支援が大切です。	子どもたちが自由なペースで学習するからこそ、どれくらい読めているのか、途中経過の把握が大切です。

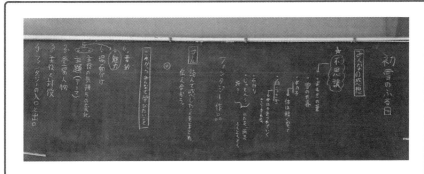

①物語の設定　人、時、場
②主役・対役　　③あらすじ（要約）
④場面の構成（はじめ・中・終わり）
⑤主役の変化（クライマックス）
　⑥視点や色　　⑦主題
どれが使えるかな？

1　読みの観点指導

　物語の読みの観点として、分析批評の観点を参考にしながら、私は以下のようなことを授業で扱うようにしています。

①物語の設定（人、時、場）

②主役・対役

③あらすじ（要約）

④場面の構成（はじめ・中・終わりなど）

⑤主役の変化（クライマックス）

⑥視点や色

⑦主題

　学年に応じて、この観点が減る場合もありますし、別のものを必要に応

じて足していますが、概ねこの観点で子どもたちが読めるようになると、読解力の基礎ができます。

② 自力読みの指導

　まずは、題名読みや初発の感想などを通じて、子どもたちと考えたい問いを設定します。

　次に、子どもたちには以下のように聞きます。

　「この問いを解決するためには、この作品のどんなことを読んでおく必要があるかな？」

　この投げかけによって、既習の読みの観点で、その問いを解決するために必要な観点が子どもたちから出され、それらをもとに単元計画を立てます。

　身についてきた読みの力を使って、自力で読む時間を多めに取り、全員で解決していきます。

③ 自由進度による読みの指導

　3学期になったら、子どもたちそれぞれが問いを立てて、自分のペースで読みを進めていく自由進度学習をします。

　学習問題を立てる際は、共通して解決したい問い＋子ども自身が解決したい問いといった形にすることで、単元としておさえておきたいことを落とさず指導できます。

　学習のゴールとして、まとめの作文を書いたり、読み取ったことをスライドにまとめたりするといったゴールを設定したいです。

　この方法も、ノート、ドキュメント、スライド、ジャムボード、オクリンクなど多様な方法を使ってよいことにすると、個別最適な学びを実現できます。

第 3 章

社会の帯指導

地名探し

| 対　象 | 3〜5年生 |
| おすすめ時間 | 授業前半 |

　地名探しは社会科において定番の帯指導の一つです。地図帳を使って、様々な土地の名前に触れることができます。定番の帯指導だからこそ、その中でつけたい力を意識して指導をしていきたいです。

帯指導年間イメージ

　個人での活動やグループの活動を通して、全国の地名を知るきっかけになります。この際、地図の見方、索引の使い方についてもしっかり教えていきたいです。

	1学期	2学期	3学期
実施内容	個人地名探し グループ地名探し	チーム地名探し 全国索引地名探し	Google Earth地名探し
指導ポイント	全員が探せるまで待つよりも、次々と問題を出していく方が熱中します。	索引を使うと早く探せることを体験から教えます。	地図帳だけでなく、Google Earthを使うとよりリアルにその土地の様子を知ることができます。

❶　個人地名探し・グループ地名探し

地図帳を使って、教師が言った地名を探していきます。

　最初は、日本の主要な土地だけの地図で地名探しをします。その後、地方ごとの詳しい地名探しへと変化させていきます。

　探すときには、見つけた人からその場に立っていく方式にして、最初の人が見つけてから10〜15秒したら、次の問題へと移っていきます。

　慣れてきたら、一番に立った子が問題を言うシステムにします。

　早く見つけた子は、アドバイスするようにします。

「縦が○列目、横は○列目」「近くに、〇〇という地名があるよ」

　このような「地図帳を見る目」を養いながら、学びます。

　グループ地名探しでは、班ごとに地名探しをします。

　グループでやるメリットは、お互いがフォローし合えるとともに、問題を出す経験をみんなができることです。

❷　チーム地名探し、全国索引地名探し

　慣れてきたら、チーム戦で地名探しをすることも楽しいです。

　全員が探し、その場に早く立てたチームの勝ちとなります。

　全国索引地名探しは、ページを指定せず、索引をもとに地名を探す方法です。索引を使うことで、早く地名の場所を調べることを体感できます。

❸　Google Earth地名探し

　地図帳以外にも教えたいツールがGoogle Earthです。

　地名探しのデジタル版として積極的に利用したいです。

　日本の土地や海外もまぜると盛り上がります。

都道府県暗記システム

社会科の帯指導として、取り入れたいものNo.1は、都道府県の帯指導です。

特に4年生の学習では、様々なアプローチから都道府県の定着を目指していきたいです。たくさんの方法があるからこそ、学級の実態に合ったものを選択します。

帯指導年間イメージ

音声で覚えるのが得意な子、文字で覚えるのが得意な子、ゲーム感覚で覚えるのが得意な子など多様な子が学級にはいます。

だからこそ、1年間多様な手立てを取る中で、都道府県を身につけさせたいです。

	1学期	2学期	3学期
実施内容	都道府県の歌・リズム暗唱・都道府県・フラッシュカード・都道府県ミニテスト	オンライン・都道府県ゲーム・県庁所在地ミニテスト	アメーバ日本列島
指導ポイント	耳からの情報、目からの情報、両面からアプローチします。特に歌で覚えてしまうことは有効なことが多いです。	都道府県を覚えるということは、言えるだけでなく、書ける必要があります。書く活動もセットにして身につけます。	県の形を略図で書けるようにしていきます。最初は難しいので、地図帳を見ながら取り組むとよいです。

1 都道府県の歌、都道府県暗唱、都道府県フラッシュカード、県庁所在地テスト

（1）都道府県の歌

　耳から音を入れて都道府県の言葉に慣れ親しんだり、自分自身で都道府県を声に出して言ったりする活動を通して、都道府県の難しい地名に慣れ親しんでいきます。

　都道府県の歌では、耳馴染みのある曲の都道府県の替え歌が、YouTubeにアップされています。

　この歌を給食時間や帰りの会の時間に流すことで、まずは耳から都道府県を覚えていきます。

（2）リズム暗唱

　リズム暗唱では、リズムに合わせて都道府県を実際に言っていきます。

　トンパン、イェイ、イェイ♪（手のリズム）

「北海道からはじまる、リズムに合わせて、北海道、でっかいどう♪」

（北海道、でっかいどう）

「青森、岩手♪」

（青森、岩手♪）

このように順番に地名を言っていきます。

順番は、地図帳の巻末に掲載されている都道府県一覧の順番で言っていくとわかりやすいです。

最初は、ゆっくり練習しますが、慣れてきたら、だんだんスピードアップしていくと3分以内ですべての都道府県が言えるようになります。

また、慣れてくれば、教師と子どもが一緒に言うようにしていきます。

都道府県暗唱リーダーをつくって、その人たちに前に立って、呼びかけてもらう方法も盛り上がって楽しく覚えられます。

（3）都道府県フラッシュカード

短時間で繰り返し学習ができるのがフラッシュカードです。

フラッシュカードの使い方の詳細は、78ページに掲載しています。

都道府県だけでなく、県庁所在地もセットで学習できるところが魅力です。

（4）都道府県ミニテスト

音声でしっかり情報が入ってきたら、5月下旬くらいから7月上旬にかけて週1回ペースでミニテストを実施していきます。

漢字で書けるようにしていくことも大切なため、漢字学習とも連動させながら進めていきたいです。

社会科の学習は、週に2回程度しかないため、授業時間だけで定着が難しい場合は、宿題として、前日に都道府県プリントの学習を出すのも一つの方法です。

　都道府県のプリントは、スタプリのサイトのものがおすすめです（左下のQRコード）。

　夏休み前には、47都道府県で一度テストをし、まだ定着していない部分は夏休みなどに復習できる余裕をもたせたいです。

　ただし、学校で都道府県の学習をまったく扱わず、家庭にすべて任せっきりは、子どもにとっても保護者にとっても厳しいです。

　しっかり、学校での帯指導とセットで家庭学習をお願いしていきたいです。

❷ オンライン都道府県ゲーム、県庁所在地ミニテスト

都道府県オンラインゲームはいくつか存在します。

ちょっとした隙間時間や朝学習の時間などを使って実施すると効果的です。

おすすめの教材をいくつか紹介します。

①楽しく学ぶ　小学生の地図帳（帝国書院）

　都道府県に関してのクイズを２種類取り組めます。

　１つ目は、都道府県の正しい位置を答えるクイズです。

　２つ目は、３ヒントクイズです。その土地の特徴から、どの都道府県かを当てるクイズになっています。

②都道府県パズル

　都道府県の形を地域ごとに当てはめていくパズルです。

　ふつう編（地名がわかるピース）、地名編（地名を答えるもの）、鬼ムズ編（難易度が高いもの）の３種類のコースから選んで遊べます。

（2）県庁所在地ミニテスト

　都道府県がある程度定着したら、２学期は県庁所在地を扱いたいです。

県庁所在地についても、フラッシュカードやリズム暗唱をやりながら、セットでミニテストをやっていくと効果的です。

　夏休みと同様で、冬休み前に47の県庁所在地すべてのテストを実施できるように計画的に取り組みたいです。

❸ アメーバ日本列島

　子どもたちに都道府県の形や位置関係まで教えたいときにおすすめなのが、アメーバ日本列島です。

　このアメーバ日本列島とは、都道府県の略図を書いていくゲームです。

　２人１組で１冊のノートを用意して、１人は黒鉛筆、もう１人は赤鉛筆を持ちます。

　まず、ジャンケンをして勝った人が都道府県の略図を書いていきます。

　次に、勝った人は、前の人が書いた都道府県に隣接する県を書いていきます。

　じゃんけんを続けていき、時間内に多くの略図を書いた人の勝ちです。

　楽しんで県の形を覚えることができるので、子どもたちにも人気の帯指導です。

①楽しく学ぶ小学生の地図帳

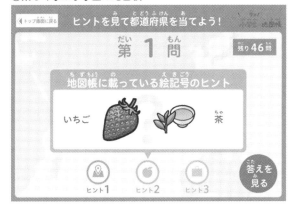

②都道府県パズル

都道府県をある程度覚えてからやった方が楽しめます。

1分間フラッシュカード

対　象	3～6年生

おすすめ時間	授業前半

　フラッシュカードは帯指導として、全教科取り入れやすい教具の一つです。

　自作できますが、私は正進社のフラッシュカードシリーズを購入して、取り組むことが多いです。

帯指導年間イメージ

　学年に応じて、扱うものはある程度変わってきます。

　3年生なら地図記号、4年生なら都道府県、5年生なら大陸・海洋、6年生なら歴史人物。

　教師が教具として使うこともありますが、子どもに渡して、子どもたちだけで学ぶ道具に変化させることもできます。

	1学期	2学期	3学期
実施内容	1分間フラッシュカード (2回・1回・0回、男女交代、列交代読み、じわじわ読み、バトル読みなど)		グループ フラッシュカード
指導 ポイント	フラッシュカードの基本的な使い方2回・1回・0回をまずは身につけるとよいです。その上で、色々な読ませ方をしていきます。フラッシュなので、瞬間的に次のカードをめくっていくスキルが必要です。		子どもが教師役になってフラッシュカードをやります。グループごとにちがうカードを渡して取り組みます。

❶　1分間フラッシュカード①

　フラッシュカードの基本的なやり方は、下のQRコード「都道府県」から見ることができます。

　映像を見ていただくとわかるように、「2回・1回・0回」のリズムで子どもたちが都道府県を声に出していきます。

　カードは、後ろから前にめくっていくことで、次のカードが何のカードか教師は把握しながら、進めることができます。

　都道府県フラッシュカードでは、都道府県だけでなく、県庁所在地やご当地の有名な食べ物もカードに記載されているので、それらもセットで扱うことができます。

❷　1分間フラッシュカード②

　ただフラッシュカードを言うだけでなく、そこにアレンジを加えていきます。たとえば、男女交代や、列交代で言うなどができます。

　また、都道府県の形をじわじわと見せながら、形から県を当てるクイズのように扱ったり、2人組を立たせて、どちらが早く都道府県を言えるかバトル方式で取り組むこともできます。

❸　グループフラッシュカード

　子どもたちが教師役になって、グループでフラッシュカードをする取り組みです。たとえば、1班は東北地方、2班は関東地方のように、グループごとに取り組むものを変えて、1週間交代でカードを回していきます。

　最初は、使い方がぎこちないですが、すぐに子どもたちも上達します。

歴史人物カルタ

　６年生限定ではありますが、歴史人物カルタは子どもたちに大人気です。
　学習指導要領解説社会編に例示されている42人の人物の中からピックアップをして、それをもとにカルタを実施します。

帯指導年間イメージ

　歴史人物カルタは40枚あるため、１学期20枚、２学期20枚に分けて実施するとよいでしょう。百人一首をやっているクラスなら、百人一首と同じ仕組みでやるとスムーズです。

	1学期	2学期	3学期
実施内容	歴史人物カルタ		歴史人物カルタ大会
指導ポイント	漢字が難しい人物もいるため、ふりがなを最初にふってあげてもよいかもしれません。 授業の最後５分間にやることが多いです。		６年生なので、大会の運営などは、子どもたちに企画を任せるとよいと思います。

1　歴史人物カルタ　つくり方

歴史人物カルタは、市販のものを使ってやるのもよいです。

私は、吉田高志氏の実践を元に、自作でやりました（P.83）。

①エクセルのカードデータを人数分印刷する（データは小川幸一氏作成）

②社会科資料集の付録人物シールなどがある場合は、人物名のところに
　貼る。ない場合は、そのままでよいです

③カード用のラミネートフィルムに表の札と裏の札が両面見えるように
　はさみます

④ラミネートの機械にかけて完成

　教師がつくるのは、それだけで時間がかかるので、子どもたちの力を借
りて作成します。

学校によっては、スクールサポートスタッフの方に、依頼をして作成していただいてもよいかもしれません。

② 歴史人物カルタ　やり方

五色百人一首と同様に、20枚を10枚ずつに分けて使います。

５枚を２段になるようにお互い並べて試合開始です。

教師が読み札を読み、子どもたちは取り札を取っていきます。

多く札を取った方が勝ちです。

五色百人一首の帯指導ページに記載したエスカレーターゲームの方式で取り組むと子どもたちは熱中していきます。

私は、五色百人一首と連動させて、百人一首と同じマグネットを歴史人物でも動かすようにしています。

③ 歴史人物カルタ大会

ある程度覚えた３学期だからこそ、大会が盛り上がります。

百人一首で強い子と歴史人物カルタで強い子がちがうため、クラスに別のヒーローが生まれるようで、盛り上がります。

特典資料

神秘的な女王 卑弥呼 まじないで 邪馬台国の 1	聖武天皇 教うため 仏うつくみで 大仏つくる 6	宮廷の ひらがなで 清少納言 生活えがく 枕草子 11	室町に 将軍 義満 栄華をほこる 金閣建てた 足利 16
仏づくと 国づくり 聖徳太子 天皇中心 憲法制定 2	兄に 大仏づくり 行基菩薩 東大寺 貢献大きな 7	都にうつして 平清盛 栄華を誇る 源氏に敗れた 12	文化人 東山 足利義政 銀閣建てた 政治は苦手 17
海を越え 遣隋使 小野妹子 大陸文化 太子の使い 3	仏のくにで 高僧鑑真 いのちかけ 馬も越えて 日本に伝えて 8	鎌倉に 源頼朝 幕府を開く 武士の頭領 13	泣きながら ネズミ描いた 墨絵あり 雪舟 完成させた 逸話あり 18
中国倒し 蘇我倒し 中大兄皇子 大化の改新 鎌足と共に 4	貴族の世 摂関政治 藤原道長 望月の歌 天皇おさえ 9	壇ノ浦 源義経 平家滅ぼす 兄に追われ 14	キリスト教を ザビエル スペインの 広めた 日本で 19
中臣鎌足 蘇我倒したい 大化の改新 鎌足 5	世界一の 紫式部 平安の 源氏物語 女流作家 10	元寇を 二度たたかった 北条時宗 日本を守った 15	織田信長 大名を 武力で倒し 安土城 鉄砲戦術 20

④エスカレーター方式で勝負する。

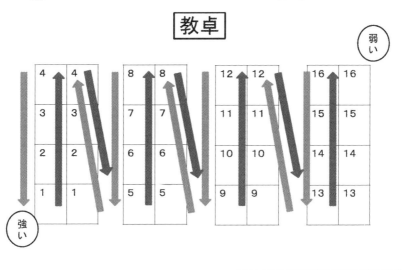

教卓

弱い

強い

調べ学習レベルアップ

対象 3〜6年生

おすすめ時間 本時のメイン活動

社会科で使うスキルに調べ学習があります。

ただ調べなさいと言っても、子どもたちは情報を収集することはできません。

調べ方、調べた後の整理もセットで教えていきます。

帯指導年間イメージ

子どもたちが調べ学習をしようとすると、真っ先に手を出すのがインターネットです。しかし、インターネットは、一歩間違うと、泳げないのに広大な海に飛び込むようなものです。まずは、教科書や資料集から情報を調べることを教えます。

	1学期	2学期	3学期
実施内容	教科書・資料集の調べ学習	インターネット調べ学習	調べたことを整理する（箇条書き、思考ツールなど）
指導ポイント	教科書や資料集の構造をおさえます。また、索引で検索できることもしっかり伝えたいです。	キーワード検索の仕方、しぼりこみ検索の仕方など検索のコツを教えていきます。	調べた情報をどのように整理していくかも教えます。箇条書きや思考ツールなどの使い方を教えます。

❶ 教科書・資料集の調べ学習

　教科書や資料集は、情報が見開きで2ページにまとまっていることが多いです。

　見開きだからこそ、子どもたちが情報を抜き出すことができます。

　「○ページを見て、スーパーの工夫について書かれているところに線を引きます」

　このような作業を伴った活動をすることで、子どもの情報を抜き出す力はついていきます。

　合わせて、教科書がどのような構造になっているかも教えたいです。

　左上に問い、右下に答え、問いについての説明が文章になっていて、それを補足する資料として、写真が上に掲載されたりしています。

　このような大まかな構造も教えておくと、調べ学習がしやすくなります。

　また、地図帳などと同じように、索引を使って調べる方法も必ず教えたいです。

❷ インターネット検索

インターネット検索を教える際には、右のQRコードの動画を見せたりします（NHK for School『インターネット検索』）。

特に、子どもたちに教えたいのが、キーワード検索としぼりこみ検索です。

「キーワード検索」→「探したいキーワードを打ち込む」

「しぼりこみ検索」→『動物園　神奈川県　ショー　ふれ合い』

このようにキーワードを付け足していくと、サイトをしぼりこむことができます。また、集めた情報がいつのもので、どの機関が出しているものか、情報のソースまでしっかり確認するように教えます。

❸ 調べたことを整理する（箇条書き、思考ツールなど）

調べたことを整理する際、シンプルなのは、箇条書きです。

また、思考ツールを使って整理することについても2学期から3学期にかけて、子どもたちに繰り返し体験できるようにしていきます。右のQRが参考になる動画です（NHK for School『考えを整理する』）。

第4章

算数の帯指導

百玉そろばん

　昔からある伝統的な教具の一つが百玉そろばんです。

　低学年を担任すると、決まってこの百玉そろばんを使って、授業開始の3分間の帯指導をします。

帯指導年間イメージ

　学年によって取り組む内容は大きく変わりますが、基本的にたし算・ひき算の基礎学習をベースに使うことが多いです。1年生をイメージした計画になっていますが、2年生なら、これにかけ算九九を加えて取り組みます。3年生なら小数の学習でも活用できます。

	1学期	2学期	3学期
実施内容	数唱 （2とび、5とび、10とび） 逆唱	10の合成・分解 たし算・ひき算 ・100とび	児童用百玉そろばん お楽しみ百玉そろばん
指導 ポイント	百玉そろばんの基本的な数え方を確認します。	繰り上がりのあるたし算や繰り下がりのある引き算を攻略するために、10の合成・分解を繰り返しやります。	児童用の百玉そろばんが学校にあるなら、教師と一緒に操作する活動もおすすめです。

① 数唱（2とび、5とび、10とび）

右のQRコードにあるようなイメージで数を数えていきます。

「数唱、1、2、3……10」

「逆唱、10、9、8……0」

2とびや5とびは、かけ算九九にもつながる大切な唱え方です。

② 10の合成・分解、100とび

　百玉そろばんで一番学習効果が高い活動の一つが10の合成・分解です。

　視覚的にとらえるとともに、10の合成・分解を声に出して覚えていくことで、繰り上がりのある足し算や繰り下がりのあるひき算を学習するときに、つまずく子が一気に減ります。

　また、100とびは、100個の玉を右から左へ一気に動かす方法です。

　子どもたちが大好きな唱え方です。

③ 児童用百玉そろばん、お楽しみ百玉そろばん

　児童用の百玉そろばんが学校にある場合もあります。

　ブロックとちがい、バラバラになることがない百玉そろばんは、手先が不器用な子にとっては、操作活動がしやすくおすすめです。

　また、お楽しみ百玉そろばんとして、いくつかのネタを知っていると楽しいです。

・「一瞬」→百玉そろばんを横に向けて、一瞬だけ玉をはじいて、数を当てる活動

・「隠し玉」→目をつむって、音だけ聞いていくつだったか当てる活動

・「何ができるかな」→ダイヤやグラスの形などをみんなでつくる活動

算数じゃんけん

子どもたちが大好きなじゃんけん。

これを算数バージョンでやる遊びです。たし算、ひき算、かけ算、わり算のすべてで実践可能です。

帯指導年間イメージ

低学年を中心に授業の導入や隙間時間に取り組めるのが算数じゃんけんです。

最初は、片手だけでやっていたのを、両手にしていくと難易度がアップします。

学年や実態に応じて、かけ算やわり算に変更して実施します。

	1学期	2学期	3学期
実施内容	たし算じゃんけん ひき算じゃんけん	両手、たし算 ・ひき算じゃんけん	バラバラたし算 ・引き算じゃんけん
指導ポイント	長い時間はやらず、1分程度の短時間でやる方が熱中します。	手が2つになるだけで難易度がグンと上がるため、たし算だけでも十分です。	片手と両手、どちらを出してもよい状態にします。

① たし算じゃんけん・ひき算じゃんけん

　最初は、教師対全員の形で実践します。

「１〜５本の指のどれかを出すよ」

「たし算じゃんけん、じゃんけん、ぽん！」

「足したら７になったね。この７という数字を先に言った人が勝ちです」

「たし算じゃんけん、じゃんけん、ぽん！　４！」「速い！みんなの勝ちだ♪」

　このように何度か全体で、練習をしてから、ペアやグループで取り組みます。その後、自由に立って５人でやるといったルールを加えていきます。

　勝敗に迷ったときは、引き分けかもう一度やり直します。

② 両手　たし算じゃんけん・ひき算じゃんけん

　両手になることで難易度が上がります。

　途中から、「グーは０」というルールを付け足すと、変化が加わってさらに盛り上がります。

「今日は３人に勝ったら座ります。よーいスタート♪」

　といったように、バトルロワイヤル方式でやっても盛り上がります。

　ただし、難易度が上がりすぎて、いつも負けてしまうような子が出ていないか、教師は全体の様子を見取りながら、実施したいです。

③ バラバラ　たし算じゃんけん・ひき算じゃんけん

　両手でのじゃんけんになれたら、さらに難易度を上げて、片手と両手を混ぜてのじゃんけんにしていきます。

　最後には、イベント的にクラスの算数じゃんけんチャンピオンを決めるような大会を開いてもおもしろいです。

時計バトル

対　象　1〜3年生

おすすめ時間　時計の単元、授業前半、朝のモジュール

　時計の学習は身につくまで時間がかかるものです。

　そのため、時計の単元が終わった後も、繰り返し帯で学ぶ機会を保障していきたいです。その効果的な方法が時計バトルです。

帯指導年間イメージ

　多くの教科書で、時計の学習は1学期か2学期最初にある場合が多いです。

　学習した後、少しずつ変化をつけながら、帯で定着をはかります。

　今回は1年生をイメージした時計の帯指導年間イメージです。

	1学期	2学期	3学期
実施内容	先生と時計バトル	子ども同士の時計バトル	レベルアップ時計バトル
指導ポイント	教師が示した時計の時刻をまずは答えるだけのシンプルな活動がよいです。	時計の学習の際に、子ども用の時計を使って、子ども同士で問題を出し合います。	次の学年を見据えて、未習内容についても生活経験として教えていきます。

1　先生と時計バトル

　教師用の大きめの時計を見せながら、「何時、何時半」といったことを指で指しながら聞いていきます。

　生活経験のちがいによって、アナログの時計に慣れていない子がいるからこそ、時計の学習に入る前からやっておくとよいです。

2　子ども同士の時計バトル

　時計の学習中に取り組みたいのが子ども同士の時計バトルです。

　子ども用のアナログ時計を使って、お互いに時刻を聞き合います。

　Aくん「これ何時？　1、2、3、4秒」（3時）

　Bくん「これ何時？　1、2」（5時）

　Bくんの方が速く言えたので勝ちとなります。

　このようなバトル形式にするとより熱中します。

　最初はペアやグループでやり、徐々に立ち歩いて問題を出し合います。

3　レベルアップ時計バトル

　熊本市教育センターの時計アプリを使うと、午前・午後や時間についても学習ができます。

　タブレットを使って、子ども同士の時計バトルをすることもできます。

九九の帯指導

対象 2〜3年生

おすすめ時間 かけ算の単元、授業前半、朝のモジュール

九九を覚えるのには、それなりの時間がかかります。

単元としては、2年の2学期からスタートしますが、その前から布石として、九九について触れておいてもよいと私は思っています。

帯指導年間イメージ

耳からの音声情報からスタートして、徐々に声に出したり、手で計算したり、多様な体験を帯指導でしていきたいです。

もちろん、しっかりとした九九の意味や仕組みの理解も授業で扱います。

	1学期	2学期	3学期
実施内容	九九の歌 百玉そろばん	九九暗唱、九九検定 フラッシュカード	九九リレー 九九アプリ
指導ポイント	無理せず耳になじませるくらいのイメージでよいです。子どもたちが気づくと歌い出します。	毎日授業開始3分くらいを使って取り組みます。九九検定は、休み時間や給食後に受けにくる仕組みがよいです。	九九アプリはゲーム性のあるものを使うと熱中します。ただし、やり過ぎないため、使う時間は調整したいです。

1　九九の歌、百玉そろばん

九九の歌には、色々な種類があります。

シンプルなものから、有名な曲に合わせて歌うもの、ポケモンのキャラクターが登場するものもあります。

学級の実態に応じて、歌を選んで給食の時間や帰りの準備の時間などに聞き流しておくだけでも、九九の学習に入ったときの習得率が大きく変わります。

また、九九につながる学習として、百玉そろばんで、1とび〜9とびで数える練習をしておくのも効果的です。

2　九九リレー、九九検定

2学期になり、九九の学習がスタートしたら、学級全体で色々な唱え方

をしたいです。

「2の段！」（にいちがに、ににんがし……）

教師の合図で、授業開始から暗唱の活動を入れていきます。

この際、百玉そろばんやフラッシュカードを使うと、数量感覚をつける意味で有効です。

覚えたら、九九検定として、教師のところに挑戦させる仕組みもつくります。

上り九九、下り九九、バラバラ九九など色々コースをつくり、すべて合格すると、九九の認定証などをプレゼントすると子どもたちも喜びます。

③ 九九リレー、九九アプリ

3学期になると、ある程度の習熟ができてきているため、取り組みに変化をつけます。

たとえば、クラスみんなで協力する取り組みとして、九九リレーがあります。

クラス全員で、1の段から順番に言っていき、どれくらいの時間ですべての九九を言えたか、記録をとります。

また、九九の練習ができるアプリを使って、隙間時間で習熟する時間をたくさんとります。

九九を言うだけでなく、問題として解く力も同時につけます。

（YouTube）mama kanon
『［知ってる歌で覚える］かけざん九九１の段：きらきらぼし〜
人気の歌で裏ワザ暗記にチャレンジ♪』

『かけざんマスター ククハチジュウイチ』というアプリは、のぼり、くだり、ばらば
らの九九をゲーム形式でコインを集めながら学べます。習熟におすすめのアプリ。

第
4
章

算数の帯指導

算数タブレットアプリ

対　象 ▶ 全学年

おすすめ時間 ▶ 授業前半、朝のモジュール、家庭学習

　タブレット端末が入ったことで、子どもたちの習熟の仕方も大きく変わりました。

　自治体によっては、専用の学習アプリが入っているところもありますが、そのような予算がない自治体でも、習熟に使えるアプリはたくさんあります。

帯指導年間イメージ

　学期ごとに分けていますが、学年によっては、Kahoot!の問題作成のやり方は、早い時期から色々な教科で教えていった方が３学期の習熟に役立ちます。

	1学期	2学期	3学期
実施内容	eboard （イーボード）	ギアドリル ・アリスメティック マスターズ2	Kahoot!
指導 ポイント	問題を解いてわからなかったときには、もう一度映像を見たりすることを促すとよいです。	途中、教師が何を取り組んだか、どこまで進んだのかを確認していきたいです。	問題を解くことと問題づくりどちらも体験させたいです。

1 eboard（イーボード）

映像での授業と問題演習がセットで体験できるサイト。

NPOが寄付によって運営し、基本的に無料で使用ができます。

子どもたちの学習につまずきがある場合には、このサイトを使うと、もう一度授業を受けながら演習ができるため、単元の習熟の時間に効果的です。

2 ギアドリル、アリスメティック マスターズ2

ギアドリルは、四則計算の問題が整数、小数、分数を選択して解くことができます。シンプルに計算の力を高めたいときには、有効なサイトです。

四則計算を混ぜた問題も選択できるため、中学年以上の子どもたちの計算力を高めるのに有効です。

アリスメティック マスターズ２は、計算で敵を倒すRPG形式の算数サイトです。

モンスターたちとのバトル形式での算数ゲームのため、熱中すること間違いなし。

「平均解答タイム」「正答率」の「自己ベスト」が記録できるので、学習の積み重ねも確認できます。

発展課題や朝の学習の時間に取り組むのもよいかもしれません。

3 Kahoot!

Kahoot!は子どもたちに人気のクイズ作成サイトです。

様々なモードがありますが、子どもたちが一人で取り組むモードにして、単元の習熟場面などで活用するとよいと思います。

Kahoot!の杜には、すでに作成してある算数の問題がいくつもあるので参考になります。

また、３学期くらいになれば、Kahoot!の使い方にも慣れてくるはずなので、その学年の復習問題を子どもたち自身につくってもらうのも楽しいです。

ただ難しい問題を出すのではなく、ある程度楽しみながら復習ができる問題を考えるのも、子どもたちにとって学びになります。

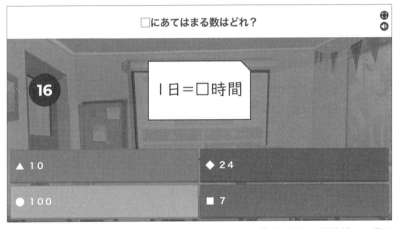

Kahoot!は、クラス全体で取り組むこともできますが、算数の場合、習熟場面で個人で取り組む形の方が集中して取り組むことができます。

10マス計算

対 象 1〜3年生

おすすめ時間 授業前半、朝のモジュール

　100マス計算では、最後まで集中して取り組むことが困難な子も、10マス計算なら、集中力を持続して取り組めます。

　たかが10マスですが、継続すれば確かな力になります。

帯指導年間イメージ

　3年生をイメージした年間指導計画です。

　たし算からスタートして、1年間かけて、わり算まで確実な定着をはかっていきます。

　無理のないよう、授業開始2分を学習時間として取り組みます。

	1学期	2学期	3学期
実施内容	10マス計算 たし算・ひき算	10マス計算 かけ算	10題わり算
指導ポイント	プリント自体は10回分ありますが、毎日3〜5回程度がちょうどよい回数だと感じています。	かけ算九九が未定着な子の場合は、近くに九九表をおいて確認できるようにしてあげてもよいと思います。	九九を使って解くことができるわり算を瞬時に解く力をつけます。余力があれば、あまりの出るものもやります。

① 10マス計算　たし算・ひき算

　縦と横にある数字を次々と足したり、引いたりして計算していきます。

　P.105にあるようにたし算なら『＋』、引き算なら『ー』を左上に埋めます。

　次に『０〜９』の中から、選んだ数字を上の段に入れます。※お手本は３になっている。

　一列20秒で、次々と問題を解いていきます。

　教師は、「１、２、３……20」とカウントをしていきます。

　終わった子は、「はい」と言って、自分のタイムを上の（　）に書き込みます。

　20秒たったら、教師が答えを順番に言っていき、子どもたちは間違えた問題だけ直すようにします。※時間短縮のため

　１日何問解くかは、学級の実態によって変えてよいですが、同じ数字で

繰り返し解くと、段々タイムが上がって、自信になっていきます。

　概ね、上の段に入れる数字は、『0、1、2……9』と大きくしていくと難易度が上がって、子どもたちもやる気になります。

　子どもたちのタイムが全体的に短くなってきたら、数字を変えていくタイミングです。※10マス計算ワークシートは特典資料にあり

② 10マス計算　かけ算

やり方はかけ算でも同じです。

　3年生ならかけ算九九ですが、高学年なら2桁×1桁をやるのも効果的です。

③ 10題わり算

　10マス計算と同じプリントではできませんが、10問ずつのわり算のプリントを同じやり方で解いていきます。

　4年生のわり算の筆算に向けて、九九で解ける、2桁÷1桁のわり算をすぐに解けるように練習をしていきたいです。

　3年生のうちに、わり算の筆算の土台づくりをしておくと、4年生のとき、ひっ算の定着度が大きく変わってきます。

特典資料

まとめて印刷してストックしておくとよいです。ファイルに閉じておくことで、成長を実感できます。

10ます計算　　　　年　　組　名前（　　　　　　　　　）

①	②	③	④	⑤	⑥	⑦	⑧	⑨	⑩
( )	( )	( )	( )	( )	( )	( )	( )	( )	( )
5	2	7	1	4	9	6	0	8	3
6	4	8	0	3	7	2	9	1	5
0	5	9	6	1	8	7	3	2	4
1	0	6	2	7	3	8	5	4	9
9	6	1	8	5	2	0	4	3	7
7	8	4	3	6	5	9	1	0	2
4	7	3	9	2	0	5	8	6	1
2	1	0	5	8	4	3	7	9	6
8	3	5	4	9	6	1	2	7	0
3	9	2	7	0	1	4	6	5	8

①
(　)

+	3	
5	8	
6	9	
0	3	
1	4	
9	12	
7	10	
4	7	
2	5	
8	12	11
3	6	

公式バトル

対　象	全学年

おすすめ時間	本時のメイン活動

「公式だけ覚えても意味がない」

その批判は間違いないですが、それでも公式さえ覚えるのに苦労をする子もたくさんいます。

そのような子のために、楽しく公式を覚える手立てが公式バトルです。

帯指導年間イメージ

この公式バトルは、どちらかと言えば、公式が出てきたタイミングで使う帯指導です。

3学期には、1年間で学んだ公式を使って、バトルもできます。

	1学期	2学期	3学期
実施内容	公式バトル		バラバラ公式バトル
指導ポイント	授業の開始場面、公式を使う直前に公式をクイズ形式で出し合います。 30秒から1分程度の短時間でやります。		これまで学んだ公式を確認してからバトルをすると安心して取り組めます。

① 公式バトル

単元によって公式が出てきます。そのような公式を楽しく覚えるために、公式の意味理解が終わった上で、教師からクイズを出します。

「三角形の面積は？」（底辺×高さ÷２）

「底辺×高さ÷２？」（三角形の面積）

「こうやって、お互いに公式の問題を出し合います。３秒以内に答えられるようにしましょう」

そう言って、ペアでまずはやります。ある程度覚えたら、

「５人の人とバトルをしたら座ります。はじめ」

そう言って、立ち歩いて、色々な人とバトルをするのも楽しいです。

公式バトル以外にも、定義バトルもあります。

テストによっては、定義が穴埋め形式の問題として出るものもあります。

「道にそってはかった長さを？」（道のり）

このような定義についても、定義バトルとしてやる場合があります。

これらのバトルは、あくまで計算などの下支えのためなので、単元の途中である程度覚えたら、活動をやめていきます。

② バラバラ公式バトル

３学期までの間に習った公式や大切な定義を一覧にします。

この一覧を使って、バラバラ公式バトルをします。

やり方は同じですが、出てくる問題範囲が習ったものすべてになります。

忘れているものもきっとあるため、すぐに答えられないこともあるでしょう。

学年末のまとめの問題ページを解く前などに実施しておくと、問題を解くときに、思い出しながら解くことができます。

作図単元の帯指導

　作図を苦手とする子が一定数学級にはいるものです。

　一度教えたからすぐにできるわけではなく、手に道具が慣れるまで、楽しく根気強く学習を進めていきたいです。

帯指導年間イメージ

　単元に入る前から、作図の基礎技能を高めたいです。

　その上で、単元中も楽しく作図をする場面をたくさんつくっていきます。

　3年生の作図単元を例にして、紹介します。

	1学期	2学期	3学期
実施内容	定規の日常化	コンパスデザインコンテスト	三角形デザインコンテスト
指導ポイント	作図の基礎は、定規を使うことです。まっすぐな線を引く体験を日常化していきます。	コンパスの使い方を教えたら、とにかく円の多作が大切です。単元以降も複数回実施。	描いた図形の長さもしっかりと書いていくことを伝えます。単元以降も複数回実施。

1 定規の日常化

　定規を使うことを算数の時間では大切にしています。

　図形を描くときはもちろん、筆算や何か線を引くときは、なるべく定規を使っていくことで、ノートが見やすくなるだけでなく、作図単元に向けた基礎トレーニングにもなっていきます。

　細かい作業が苦手な子にとって、定規で線をまっすぐに引くというのは難しいものです。

　作図の単元のときだけ、丁寧に定規を使うように言っても簡単にはできません。

　だからこそ、日常的に定規に触れる機会をつくっていきます。

　もちろん、子どもの実態によって定規を使うことで、そこだけに集中がいってしまう子もいるため、無理は禁物です。

② コンパスデザインコンテスト

コンパスの単元に入ったら、たくさんコンパスを使う場面を設定します。その一つが、コンパスデザインコンテストです。

円を使って様々なデザインを子どもたちが考えます。

ノートに描いたデザインは、写真で撮影して、タブレット端末のアプリなどで写真を共有して、どのデザインが気に入ったか投票します。

自主学習などと関連させて、何度かコンテストを実施すると、少しずつコンパスで円を描くことに慣れていきます。

ただ、どうしても苦手さがある子には、道具による支援も必要です。

たとえば、『くるんパス』（ソニック）というコンパスがおすすめです。

指先だけでなく、手全体でクリップをつかんで円を描けるため、指先の操作が苦手な子にとってやさしいつくりになっています。

③ 三角形デザインコンテスト

コンパスデザインコンテストと同様に、三角形でデザインコンテストを実施します。

こちらも一度ではなく、何度か実施したいです。

その際、ただ適当に書いているのではなく、長さなども図に書き込んでいる子を取り上げながら、正確さという点でも価値づけていきます。

こちらもタブレット端末で写真を共有すると、友だちの描き方のよさに気づけます。

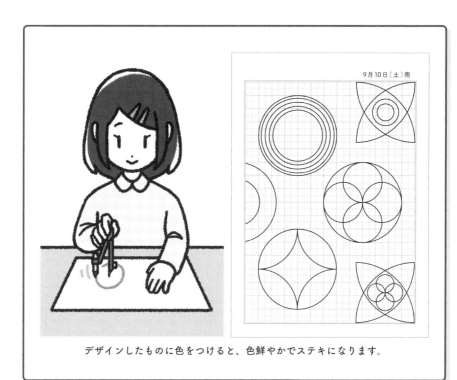

デザインしたものに色をつけると、色鮮やかでステキになります。

説明する算数作文

対象 3〜6年生

おすすめ時間 本時のメイン活動（説明する問題）

　算数において、教科書が改定されるたびに、説明することを求める問題が増えてきています。

　それだけ大切な説明する力だからこそ、継続的に説明する力を伸ばす指導が必要だと考えています。

帯指導年間イメージ

　算数作文の書き方の型をまずは身につけます。

　そして、その型を自分なりに応用したり、ノートへの記述がなくても説明できたりするようにレベルアップを目指します。

	1学期	2学期	3学期
実施内容	説明のまつだくん	算数作文の多作	作文なし算数説明トレーニング
指導ポイント	『まず』『次に』『だから』この3つを使って説明する文を書く方法を教えます。短く簡潔な文を目指します。	単元に一つは算数作文を書く場面を設定していきます。また、発展的課題として、算数作文を設定します。	算数作文は手段であって、目的ではありません。説明をするための準備だからこそ、少しずつ作文を見ずに説明することを目指します。

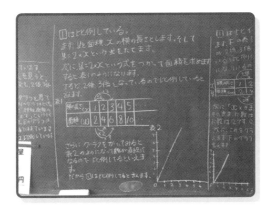

1 　説明のまつだくん

　「まず」「次に」「だから」の頭文字をとって、説明の『まつだくん』と呼んでいます。

　こういった言葉を使うと、説明は格段にしやすくなります。

　授業の中では、次のページのような文の型をまずは、教えます。

　その上で、徐々に自分で説明する文を書けるように手放していきます。

　そのために、書いた算数作文を教師がしっかりと評価していきます。

　①まつだくんを使っているか

　②結論が書かれているか

　③定義などが引用されているか

　などを観点にして、算数作文の良し悪しを評価していくことで、子ども

の文が明快になっていきます。

❷ 算数作文の多作

　身につけた型は使わないと技能化されません。

　繰り返し算数作文を書かせたいところですが、作文を書くことはそれなりに時間がかかるものです。

　目安は単元に最低一つは算数作文を書き、説明し合うような授業を入れたいです。

　また、練習問題が終わった後の発展的な課題として、算数作文を書くことを奨励していくと、算数作文を書く文化ができていきます。

❸ 作文なし算数説明トレーニング

　いずれは、作文がなくても説明できる力をつけたいです。

　そのために、教科書にすでに書かれている説明や、説明のための図を使います。

　「Aさんはどうやって考えたのか、隣の人に説明してごらん」

　このような活動なら、作文を書かなくても、すぐにできます。

　この際に、説明の『まつだくん』を使って説明している子を取り上げて認めていきます。

　最初は、「まつだくん」を使っても説明が長くなりがちですが、できるだけ短く説明することのよさを共通理解していきます。

　その際、友だちに説明するときに、「ここまでいいですか？」などの確認を入れるとよいことも教えています。

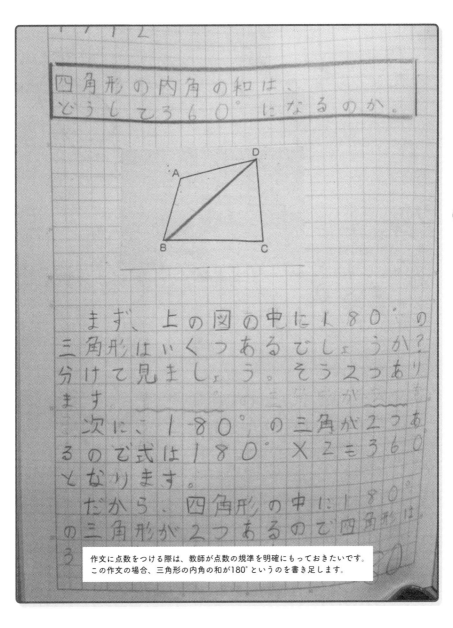

作文に点数をつける際は、教師が点数の規準を明確にもっておきたいです。
この作文の場合、三角形の内角の和が180°というのを書き足します。

自由進度学習

おすすめ時間　単元末などの習熟の時間、本時のメイン活動

　ここ数年、算数における自由進度学習を取り入れています。

　子どもたちの自己調整の力を伸ばすこの自由進度学習も、帯指導の視点で見ていくと、1年間変化をさせながら継続することで、力が伸びるものだと思っています。

帯指導年間イメージ

　1学期は、計算スキルや単元末の練習問題を自由進度学習で取り組みます。

　2学期以降、単元の中で、子どもたちがそれぞれのペースで学ぶ部分を増やしていきます。

	1学期	2学期	3学期
実施内容	部分的自由進度学習	単元内自由進度学習	単元全体の自由進度学習
指導ポイント	基本的な解き方の型は学習を終えている状態で、子ども自身がコースを選択する形で、練習方法を決めていきます。	単元の途中で、子どもたち自身の力で学ぶ時間をつくっていきます。ここでもコース選択制が支援につながります。	教師の出番を極力減らしながら、単元全体を子ども自身で学んでいきます。ただし、教師の確認する関所は設けます。

山崎克洋

算数　自由進度学習

1　計算スキルテスト　大きな数
　　答え合わせまで

2　自由進度

①ほじゅうもんだいコース

②計算スキルコース（今まで、ならったところでやっていないページ）

③問だいづくりコース

④ドリルパークコース

⑤友だちサポートコース

＊友だちにたのまれたらサポート

⑥算数たんきゅうコース

大きな数について　調べてみたいことを調べて、オクリンクで提出する。

れい）　１億より大きな数
　　　　大きな数を使ったたてもの
　　　　大きな数のひみつ

Google Classroom にこのような指示を示して、子どもたちがそれぞれのコースで学んでいくのが、部分的自由進度学習です。単元末の習熟場面にやることが多いです。

 部分的自由進度学習

　自由進度学習のはじめの一歩は、あかねこ計算スキル（光村図書）のコース選択制が有効です。

　授業時間の習熟場面で、自分にとって必要な問題量を選択して、取り組みます。

　このとき、丸つけも自分自身でするようにしていきます。

　次に、自由進度学習を取り入れるのが、単元末の練習問題です。

　練習問題の２時間分を自由進度学習で進めていきます。

　練習問題については、ポイントとなる問題のところで、教師が必ずノートを確認します。

この確認がないと、できていないまま学習を終わらせてしまう子が一定数出てきます。

この確認を過ぎたら、自分でコース選択をして学んでいきます。

ここからは、学びの個性化が生まれます。

自分の学びたい内容に応じて、それぞれ学びをデザインします。

これらの取り組む内容は、Google Classroomでシェアするようにしています。

② 単元内自由進度学習

既習事項を用いれば、ある程度子どもたちだけで学習が成立する単元をピックアップして、単元の途中に自由進度学習を実施します。

どのページもやるのではなく、子どもたちの力で突破できるページを選択しています。

また、解き方の基本型などは、動画やスライドなどでシェアしたり、教師と学ぶコースや友だちと学ぶコースなど、コース選択制にして、いつでもフォローできる状況をつくっています。

③ 単元全体の自由進度学習

これは学級の中で自分たちで学ぶ雰囲気がある程度育ってきたら実施します。

教科書を自分たちで読み取ったり、映像から学ぶ力が２学期で育ってきたら、挑戦します。

子どもの実態とどの単元なら委ねられるかを検討して実施します。教師のフォローや確認が大切な方法です。

第5章

生活科・理科の帯指導

理科スタモン

対象 3〜6年生

おすすめ時間 授業前半

理科の授業の開始と同時に先生が問題を出します。

問題のイメージは、前単元の内容や前時で扱ったことです。

シンプルだけれど継続すると力がついていきます。

帯指導年間イメージ

理科の授業開始のウォーミングアップとしてスタモンは年間を通して取り組みます。

問題数は1〜2問。簡単で全員正解できるくらいがちょうどよいです。

スタモン以外にもフラッシュカードもセットにして使っていきます。

	1学期	2学期	3学期
実施内容	理科スタモン、1分間フラッシュカード理科編		理科子どもスタモン
指導ポイント	教科書を見れば、問題の答えを確認できる程度の問題がよいです。前時のことを問題に出すので、細かい準備はいりません。		子どもたちから、Googleフォームで問題を募集します。それを問題として出します。

① 理科スタモン

理科のスタート問題、略して「スタモン」です。

授業開始と同時に、教師が問題を２回繰り返し言います。

子どもたちはノートに①と数字を書き、その後に解答を書きます。

簡単な問題の方が全員参加できるので、○×クイズ形式でもよいです。

「こんちゅうの体は、頭、むね、おしり、に別れている。○か×か？」

（×　正解は、頭、むね、腹）

このような問題を出して、10秒で答えを書きます。

１〜２分の時間ですが、子どもたちはスタモンが楽しみになります。

② １分間フラッシュカード　理科編

単元によっては、スタモンではなく、フラッシュカードで
授業をスタートするときもあります。

社会科でも紹介した、正進社のフラッシュカードの理科バ
ージョンを扱いながら、短時間で取り組みます。

植物のつくり、昆虫の体のつくり、人の体のつくり、星座など多様なフ
ラッシュカードが購入可能です。

③ 理科子どもスタモン

子どもたちからスタモンを募集することも、３学期にはおすすめです。

子どもたちに今年度学習した内容についてのスタモンをGoogleフォーム
で募集します。

募集した中から、問題として適切なものをピックアップして、「子ども
スタモン」として、子どもたちに出します。

しょくぶつはかせ・
こんちゅうはかせ

対象 ▶ 1〜3年生

おすすめ時間 ▶ 授業前半、生き物の観察の単元

　低学年の生活科や3・4年生の理科などで使えるのが『わくわくずかん しょくぶつはかせ』『わくわくずかん こんちゅうはかせ』（正進社）です。

　学校の予算や個人持ちで購入すると、1年間図鑑を使って学ぶことができます。

帯指導年間イメージ

　この図鑑を持って外に観察に行くのが基本的な使い方になります。

　しかし、それだけでなく、教室でも図鑑を使って、色々な活動を1年間実施できます。

	1学期	2学期	3学期
実施内容	しょくぶつ探し しょくぶつビンゴ しょくぶつクイズ	こんちゅう探し 写し絵 （ビンゴ、クイズ）	はかせけんてい
指導ポイント	春やしょくぶつ探しが終わったら、見つけた植物でビンゴをしても楽しいです。	トレーシングペーパーを用意して、写し絵をすると、子どもは熱中します。	タブレット端末を使って、色々な問題に答えます。図鑑を見ながらやってもOKです。

1 しょくぶつ探し、しょくぶつビンゴ、しょくぶつクイズ

（1）しょくぶつ探し

「春の生き物を見つけたら、図鑑に○をつけて、先生に見せに来ます」

そう言って、校庭に飛び出すと、子どもたちは熱中して、生き物を探して報告してくれます。

3・4年生なら、巻末に載っている索引にチェックをつけていくと、自分が探した植物を一覧で把握できます。また、この『しょくぶつはかせ』には、図鑑自体に定規もついています。大きさを測ったりして、細かく観察することにも使えます。

（2）しょくぶつビンゴ

何も書いていない3×3のビンゴカードに、植物を書きます。

「図鑑の10～23ページから学校の周りにある春の植物を選びましょう」
のように指定した方が子どもも書きやすいです。カードに植物の名前を埋
めたら、教師か子どもたちが、順番に植物を発表していきます。発表され
た植物があったら、丸をつけていき、ビンゴを目指します。

（3）しょくぶつクイズ

　植物を図鑑の中から探すクイズです。3ヒントクイズで、順番にヒント
を出していきます。たとえば、

「①黄色の花です。②花びらは4枚です。③種をしぼると油が出ます」
（アブラナ）

このようにクイズを図鑑から考えて、友だち同士で問題を出し合います。

2　こんちゅう探し、写し絵、（ビンゴ、クイズ）

（1）こんちゅう探し

　植物探し同様に、夏や秋の時期に、昆虫を探すときに図鑑を持っていく
と効果的です。どこにどんな昆虫がいるのかも図鑑には示されているので、
昆虫を探すときにも使うことができます。

（2）写し絵

　トレーシングペーパーを小さく切ったものを用意すれば、この図鑑に描
かれている昆虫の写し絵を描くことができます。

　『しょくぶつはかせ』でも、もちろんできますが、子どもたちは、『こん
ちゅうはかせ』で写し絵をする方を好む傾向があります。

③ はかせけんてい

　ある程度、２つの図鑑に慣れてきたら、子どもたちに『はかせけんてい』というサイトを紹介します。

　このサイトでは、『しょくぶつはかせ』と『こんちゅうはかせ』で出てくる植物や昆虫をもとにしたクイズが出されます。

　初級、中級、上級の難易度別で、それぞれ10問ずつ問題があります。

　間違えると、間違えた問題の解説と該当するそれぞれの図鑑のページを教えてくれるので、図鑑とセットにして問題を解くとよいでしょう。

　植物や昆虫の知識がさらに身につく学習ゲームです。

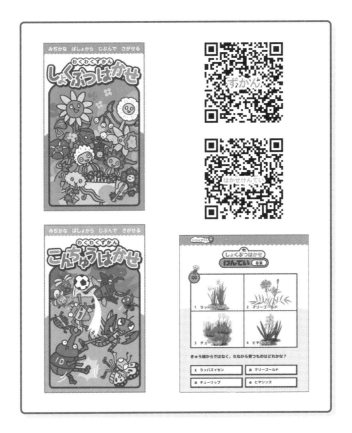

理科学習ゲームサイト

対象 3～6年生

おすすめ時間 授業前半、単元の習熟の時間

　タブレット端末を活用して、理科の習熟場面を突破します。

　ゲーム感覚でできるとともに、子どもたち自身でテストに向けて問題をつくるような取り組みを増やしていきたいです。

帯指導年間イメージ

　理科単語帳やKahoot!の問題は、既習の確認場面と単元の習熟場面で使うことができます。

　テスト前の確認として、子どもたちが選択する形で取り組めるとよいです。

　また、2学期～3学期くらいから、子どもたち自身に復習問題も考えてもらいたいです。

	1学期	2学期	3学期
実施内容	これでもか 理科単語張	Kahoot!　理科問題	Kahoot! 子ども理科問題
指導ポイント	理科の問題をカルタで取るイメージで解いていきます。ヒントもあるので、解きやすいです。	Kahoot!の杜にある理科の問題をピックアップして、子どもたちに習熟場面で解いてもらいます。	理科の学年末のまとめ時期に合わせて、自分たちで問題を作成して、解き合います。

1　これでもか　理科単語張

　学年別に理科の問題を解くことができる学習ゲームサイトです。

　カルタをする要領で、問題に対して合っている言葉を札の中から選びます。

　たとえば、

　「太陽は、①からのぼり、②の空を通って、③にしずむ」

　①ひがし　②みなみ　③にし

　このような問題に対して、札をクリックして、言葉が合っていると丸をもらえます。

　この理科単語帳のよいところは、答えの用語が思い出せないときにヒントボタンがあることです。

　ヒントを参考にして、自分で学ぶことができます。

② Kahoot!　理科問題

　算数のときにも紹介しましたが、カフートの杜というサイトに、理科の問題が一覧になっています。

　すべての問題が使えるわけではありませんが、子どもたちが自分で理科の復習をする上で、重要なツールになっています。

　学校を欠席した子にとっても、自主学習に活用できます。

③ Kahoot!　子ども理科問題

　算数のページでもお伝えましたが、Kahoot!は最終的に子ども自身が問題をつくっていけるようにしたいです。

　作成した問題は、教師がある程度チェックした上で、クラスの子どもたちにもシェアをします。

　教師のチェックを入れないと、間違った理科の知識が広がってしまうため、確認は必須です。

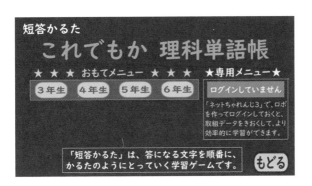

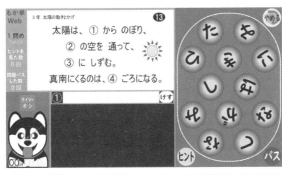

テストを実施する日を予告しておくと、自主学習などで取り組んでくる子もいます。
アプリをブックマークしておくように伝えておきます。

生活科・理科の
観察レベルアップ

対象 全学年

おすすめ時間 生き物の観察の単元

　生活科や理科の学習では、植物や生き物を観察する場面があります。

　何となく観察をさせていても、観察に書かれることはレベルアップしません。

　観察の視点を積み重ねていき、観察のレベルアップを目指します。

帯指導年間イメージ

　1学期、いきなり教師が観察の視点を示すよりも、子どもたちに観察の視点を聞きながら共有しています。

　2学期以降には、自分たちで観察の視点を意識して観察できるように促していきます。

	1学期	2学期	3学期
実施内容	ポイント観察カード	ズーム観察カード	フリー観察カード 観察カードの交流
指導ポイント	どんなところを見ればよいのか、観察の視点がない子が多いです。観察の視点を確認してから観察します。	葉っぱだけ、花だけのように、植物のパーツにズームして観察します。	これまでの学びを活かして、フリーで観察します。お互いの観察をタブレットで見合いたいです。

❶　ポイント観察カード

クラスの子どもたちと話し合って、観察の視点を確認します。たとえば、色、形、長さ、におい、触り心地など、五感を使う視点がよいです。

その上で、その視点を観察カードに示して、観察するようにしたいです。

ただし、これをずっとやっていては、観察は上達しないので、2学期以降は、観察の視点を確認しながらも観察カードには示さないようにします。

観察のときに描く絵の部分については、観察の視点となるところが強調されて描かれている子を取り上げて、価値づけしていくとよいです。

❷　ズーム観察カード

子どもたちに観察をさせるとき、植物全体を観察する子がいます。

この観察をすると、植物の細かいところまで観察することが難しいです。

そこで、葉っぱなら葉っぱだけ、花なら花だけのポイントをしぼっての観察をします。これを「ズーム観察」と私は言っています。一部分だけをズームして観察することで、今までは気づかなかったところにまで目がいくようになります。また、外での観察が難しいときは、タブレットで写真を撮影して、その写真を子どもたちが見れるようにしています。

❸　フリー観察カード

これまで学んできた観察の視点を活かして、観察します。

実態に応じては、観察の視点は全体で確認してもよいと思います。

また、それぞれ観察が終わったら、観察カードをタブレットで撮影して、クラスみんなにシェアするのも効果的です。

お互いの観察の仕方を見合う中で、観察の仕方の工夫に気づけるはずです。

実験のレベルアップ

おすすめ時間　本時のメイン活動

　子どもたちだけで実験をするためには、『問いを立てる力』『予想を立てる力』『実験計画を立てる力』『実験をする力』『結果の整理・考察する力』など多様な力が必要です。

　1年かけて、徐々に子どもたちだけで実験する力を育てていきたいです。

帯指導年間イメージ

　学年の実態にもよりますが、1学期は実験の最初から最後まで、教師の出番が多い状態になります。

　しかし、徐々に子どもたちだけで実験できる余白を増やしていきます。

	1学期	2学期	3学期
実施内容	ベーシック実験	ガイド実験	マイプラン実験
指導ポイント	理科の問題解決をしていく型をノート指導とセットにして教えます。	学んだ理科の学習サイクルを使い、実験をします。その際、教科書をしっかり頼ります。	子どもたちがそれぞれのグループごとに実験計画を立てて、取り組む自由度を高めた実験を任せます。

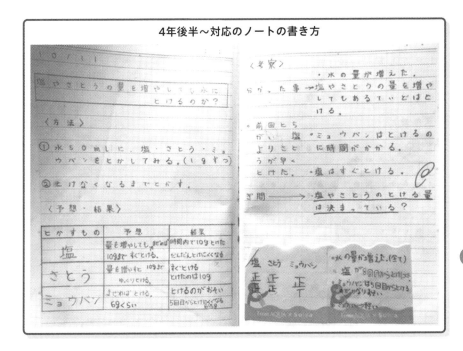

4年後半〜対応のノートの書き方

1　ベーシック実験を知る

　実験の型を知る上で、一番シンプルなのがノート指導です。

　見開き2ページで、問いから考察までを記述します。

　このノートが書けるようになるということは、実験の流れがわかってきた証拠です。

　まずは、教師が黒板に一緒にノートの型を書いていきます。

　その際、たとえば実験方法などは、教科書に書かれているものを参考にできそうなら、それをもとに書くようにしていくとよいです。

　子どもたちに多いのが、結果と考察を分けて書けない子です。

　結果で終わるのではなく、実験結果からわかったことや気づいたこと、さらなる問いを生み出していく習慣を、この時期に身につけてほしいです。

❷ ガイド実験

　実験の型がある程度身についたら、学習問題と実験方法は共通ですが、あとの方法は自由に書くようにしていきます。

　実験方法をそろえる際には、教科書をもとに短い言葉で書くように促していきます。

　教師は、子どもたちが書いているのをサポートする形で、黒板に部分的に実験ノートを書いていくとよいです。

　また、実験器具の使い方などは、安全面の心配があるため、しっかりと全体で確認した方がよいです。

❸ マイプラン実験

　１年の中で、子どもたちが実験方法を０から考える経験もしてもらいたいです。

　班の中で、相談をしながら、自分たちで立てた予想・仮説を証明する実験方法を考え、自由に実験できるようにします。

　安全面への配慮は確実に必要ですが、失敗も含めて学びは大きいと思います。

実技教科の
帯指導

音楽　ふしづくり

「ふしづくり」は、今から約50年以上前、岐阜県指導主事の山本弘氏らによってつくられた、子どもに音楽能力をつける音楽教育システムです。

年間で取り組むことで、子どもの拍の流れに乗る力などを育てていきます。

帯指導年間イメージ

先行実践では、25段階80ステップで構成されていますが、私はすべてを取り入れることが難しかったので、無理のない範囲で取り入れています（ふしづくり25段階子どもの実践第１巻に詳しい実践は掲載されています）。音楽の授業の一つのパーツとして毎時間、変化をつけて取り組んでいきます。

	1学期	2学期	3学期
実施内容	リズムにのった「ことば遊び」 （1）名前呼び遊び （2）〇〇呼び遊び	歌問答とリレー （1）問答遊び （2）言葉のリレー遊び	原形リズムのリズム唱 （1）ことばのリズム唱 　　遊び
指導ポイント	『タンタンタンウン』の手拍子に合わせて、リズムを切らさず取り組めるようにしていきます。	最初は全体でやり方を確認しますが、慣れてきたら、グループですぐに活動できるようにしていくとスムーズです。	『タンタンタンウン』という自分の体の中にある音楽のリズムを言語化していきます。

1 リズムにのった「ことば遊び」

（ I ）名前呼び遊び

　教科書の中にも、こういった「ことば遊び」の内容は掲載されています。学年に応じて、色々な「ことば遊び」を取り入れてみるとよいです。たとえば、名前呼び遊びは、汎用性が高いです。

　「みなさん」（はあい）

　「名前呼び遊びをしましょう」（しましょう）

　「やまださん」（はあい）

　「すずきさん」（はあい）　※これを続けていく

　「おわりましょう」（おわりましょう）

　ずっと個人の名前だけ呼んでいると、飽きてくるので、途中で、「男の子」「女の子」「 I 班さん」「３年 I 組」などグループ単位で呼ぶことをすると、参加意識が切れずに取り組めます。

　また、先生が名前を呼ぶやり方に慣れたら、みんなで名前を呼んだり、グループになって、子どもたちだけで取り組むこともできます。

第6章　実技教科の帯指導

（2）〇〇呼び遊び

　変化を加えて、『〇〇呼び遊び』として、動物や果物などを順番に言っていく方法も面白いです。

「みなさん」（はあい）

「果物呼び遊びをしましょう」（しましょう）

「りんご」（りんご）

「みかん」（みかん）　※これを続けていく。

「おわりましょう」（おわりましょう）

　この『〇〇呼び遊び』では、呼び合うテーマを子どもから募集してやるなど工夫をしながら楽しめます。

② 歌問答とリレー

　歌問答とは、名前のごとく、リズムに合わせて質問をしていく活動です。『拍に乗る力』とともに、『即興力』も身につきます。

（1）問答遊び

「みなさん」（はあい）

「やまださんは何が好き？」（いちご）「そうですか」

「すずきさんは何が好き？」（りんご）「そうですか」

「みかん」（みかん）　※これを続けていく。

「おわりましょう」（おわりましょう）

　最初は、教師の応答が「そうですか」だけでもよいですが、「おいしいね」「僕もすき」など応答内容を変えても楽しいです。

　２人組やグループなどで取り組むこともできます。この際、リーダーを決めて始めると、終わりがしっかり決まります。また、質問内容を変えれば、色々な変化をつけて取り組めます。

（2）言葉のリレー遊び

「言葉のリレー遊びをします。今日のテーマは動物です」

「リレー　リレー　リレーをしましょう」

「やまださんからはじめてね」

（ライオン）（トラ）（ゴリラ）……

「おわりましょう」（おわりましょう）

ある程度慣れてきたら、4～5人のグループで取り組みます。

すぐに言葉が出にくい子もいるので、黒板やテレビにテーマのイメージイラストなどを貼ってあげると支援になります。

3 原形リズムのリズム唱

（1）ことばのリズム唱遊び

「みなさん」（はーい）

「タンタンタンであそびましょ」（あそびましょ）

「ゴリラ」（タンタンタン）「きつね」（タンタンタン）

「きりん」（タンタンタン）「おわりましょう」（おわりましょう）

基本的に3文字の言葉を言っていく形が基本型になります。

これに変化を加えて、（タンタンタン）のリズムにならなかったときには、（ちがいます）と答えていくパターンもあります。

「みなさん」（はーい）

「タンタンタンで遊びましょ」（あそびましょ）

「きつね」（タンタンタン）

「ねこ」（ちがいます、もういちど）

「きりん」（タンタンタン）

「おわりましょう」（おわりましょう）

音楽　リコーダー帯指導

おすすめ時間 本時のメイン活動

リコーダーも帯で継続的に指導をしていくものの一つです。

　教科書に出てくる素材にプラスして、簡単な音だけで曲が演奏できる「笛星人」を活用していくと、子どもたちが楽しんで取り組んでいけます。

帯指導年間イメージ

　3年生からスタートするリコーダーの学習では、できたという達成感を大切にして取り組みたいです。

	1学期	2学期	3学期
実施内容	リコーダーの基礎指導 笛星人	リコーダー習熟 システム	リコーダー演奏会
指導 ポイント	持ち方、息の出し方は繰り返し確認します。	演奏を個別評定することで、熱中して取り組みます。	演奏会をすることは1ヶ月前くらいに予告します。

❶ リコーダーの基礎指導

リコーダーの持ち方の合言葉をまずは教えます。

「自由の女神」（自由の女神）

「かまえは、三角」（かまえは、三角）

「ひみつの指穴キュッキュッキュッ」（ひみつの指穴キュッキュッキュッ）

「0の穴」（0の穴）

「1の穴」（1の穴）

これで、シの音を出す練習をしていきます。

リコーダーの音を出す際に、「トゥー」や「トォー」というようにタンギングを意識して吹くときれいな音が出やすいです。

また、出す息は冬場に手を温めるように、優しく吹きます。

リコーダーの初期には、副教材として『笛星人』を活用します。

「シ」だけで何曲も楽しい演奏ができます。

② リコーダー習熟システム

リコーダーの練習では次のステップで新曲を教えます。

（1）曲を聴く

（2）短くまね吹き

（3）自分で練習、ペアで練習

（4）リコーダー検定

リコーダー検定では、教師が吹けるようになったか個別評定をしていきます。合格した子にはミニ先生になって、他の子をサポートします。

③ リコーダー演奏会

1年間で学んだ曲の中から、自信がある曲を発表する場をつくります。

演奏会に向けて練習する中で、子どもたちのさらなる成長が期待できます。

図工　スケッチ帯指導

対象 ▶ 3〜6年生

おすすめ時間 ▶ 学期に1〜2回

スケッチとは、短時間で人物や風景の特徴を描く活動をさします。

短時間のスケッチ活動をすることで、子どもたちに特徴のとらえ方や陰影のつけ方が身についていきます。

帯指導年間イメージ

スケッチは概ね丸いものからスタートして、徐々に複雑なものにしていくとよいです。

最後は、自分のお気に入りのものをスケッチすることで、満足感のあるスケッチ学習になります。

	1学期	2学期	3学期
実施内容	りんごスケッチ（消しゴムやボールでも可）	手のスケッチ	自分のお気に入りのものスケッチ
指導ポイント	光と影の部分は全体で確認をしてあげると、安心して描けます。	教師も黒板に一緒に描いてあげると、子どもも参考にしながら描けます。	細かすぎるものは、スケッチには向かないことを事前に予告してあげたいです。

1　りんごスケッチ

いきなり描かせてもうまくいかないので、ステップを踏んで取り組みます。

①りんごの観察
②薄く大体の形を描く
③輪郭を描く（丸みを感じるところを曲線で描く）
④光と影を描く
⑤細かなところを付け足す

とりわけ、光と影については、子どもたちにぜひデッサンで教えたいです。

光が当たっているところは薄く、陰になっているところを暗くしていく

ことを教えることで、彩色の際にもそのことを意識できるようになっていきます。

　りんごを用意することが難しい場合は、消しゴムやボールなどで代用することも可能です。

　りんごのスケッチが完成した子から、タブレット端末で撮影して、クラスで共有をすると、お互いのスケッチのよさに気づくことができるでしょう。

② 手のスケッチ

　手のスケッチは、手をどのような形にしておくかで難易度が変わります。まずは、開いた状態で描くのがおすすめです。

　関節がいくつあるのか、指がどこから出ているのか、手のしわはどうなっているのか。

　細かなところをスケッチする作業に、子どもたちは集中して取り組みます。

　早く終わった子には、グーやピースといった手を描くのもよい挑戦になります。

③ 自分のお気に入りのものスケッチ

　りんごや手のスケッチとはちがい、多くの場合、複雑なものが題材になると思います。

　複雑になったとしても、特徴をとらえることや陰影について意識することは変わりません。

　あまりに複雑な題材の場合には、部分的に省略することで、達成感のある作品ができます。

図工　彩色レベルアップ

対象 全学年

おすすめ時間 学期に1〜2回

　絵の具の使い方が身についていないことで、自分の表現したいものがうまくいかない子が一定数います。

　正しい絵の具の使い方を教え、子どもたちの表現の幅を広げてあげたいです。

帯指導年間イメージ

　1年生では、絵の具の使い方を教わりますが、ついつい知っているものだと思って、他の学年では教えないことがあります。

　そうではなく、何年生であっても絵の具の使い方の基本を確認しつつ、短時間の創作活動で彩色の表現の幅を広げていきたいです。

	1学期	2学期	3学期
実施内容	混色レベルアップ	筆づかいレベルアップ	道具づかい レベルアップ
指導ポイント	絵の具で使う道具の使い方、混色の仕方を一つずつ確認しながら教えていきます。	筆を使って色々な表現ができることを体験的に教えます。	筆以外の道具を使うことで表現の幅を広げられるようにします。

1 混色レベルアップ

図工の授業開きとして、虹を描きます。

Ａ４の画用紙に均等に７本の線を引いたものを配布します。

「虹を描きます。虹にはどんな色がありましたか？」（赤、橙、黄、黄緑、緑、青、紫）

「一番左の色は何色でしょう？」（赤）

「赤色を小さなお部屋に、みんなの小指の爪くらいの大きさで出しましょう」

そう言って、絵の具には、小さな部屋にまずは出すことも忘れている子が多くいるので、確認していきます。

「小さなお部屋の赤色を広いお部屋に広げます。水でシャバシャバになるくらい薄くしてごらん。薄くした人から塗ってみましょう」

そう言って、水っぽい色をつくることを教えます。

子どもは、どうしても水を使わない濃い絵の具で描く癖があります。

意図的にやっているのはよいのですが、水加減がわからずやっている場合が多いので、薄く描くということも、４月の時期に教えます。

「次に、黄色を小さなお部屋に出します」

「黄色を大きな部屋に広げてごらん。広げたら次どうするの？」

（水でシャバシャバ）

「ちょうどよいシャバシャバになったら、赤の２つ隣を塗りましょう」

指示だけではわからないので、教師も一緒にやって見せるとわかりやすいです。

「赤と黄の間がぽっかりあいていますね。何色ですか？」（橙）

「大きな部屋に広げた黄色に、赤色を少しずつ足してみましょう。自分が気に入った橙色になったら、塗ってみましょう」

このような流れで、虹色を順番に塗り、混色の仕方を教えていきます。

混色指導のポイントは２つです。

①混色のためのパレットの使い方を教える

②混色の際の水加減を教える

❷ 筆づかいレベルアップ

彩色の次は、筆の使い方の技能を高めたいです。

これらの筆の表現方法を体験できるような題材は、教科書の中でも位置づけられていることが多いです。

たとえば、「図工人」（右のQRコード）さんのサイトで紹介している動画では、様々な線を使った表現方法が紹介されています。

波線、点線、ジグザグな線、線の細い、太いなどこれらの線だけを使って絵を描く活動は、子どもたちの筆での表現技能を高めることになります。

また、にじませる、かすれさせる、筆先の形を変える、とばすなど、筆の使い方のバリエーションも「図工人」さんでは動画で紹介されています。

私は、これらの動画を見せながら、子どもたちに多様な筆での表現方法を体験する時間を１時間単位で何度か扱うようにしています。

　これにより、メインとなる作品づくりの際に、子どもたちの作品の表現方法が豊かになり、子どもたちの創造力はさらに掻き立てられているように感じます。

③　道具づかいレベルアップ

　子どもは図工の時間、絵を描くときに筆しか使ってはいけないと思っていることが多いです。

　しかし、その考えを一度捨てなければ、表現の幅は広がりません。

　子ども自身が様々な道具を用いて、絵の具を表現できるような時間の確保が大切です。

　また、合わせて、色々な道具を実際にどのように使えばよいか、ワークショップ型で実施していくのも大切です。

　「図工人」さんのサイトにも、多様な道具を使うヒントがたくさん掲載されています。スポンジを使う、ヘラを使う、スパッタリングのように道具を少し変えることで、表現方法の幅が広がると思います。

　映像を先に見せた上で、自分が表現したい方法を自己選択して、表現するような作品づくりが必要です。

体育
5分サーキットトレーニング

対象 全学年

おすすめ時間 授業前半

　体育の授業開始の内容が決まっていることは、授業が安定し、子どもたちの力も伸びていきます。主運動に必要な他感覚を、運動場の遊具を使った5分サーキットトレーニングで育てていきます。

帯指導年間イメージ

　運動場にある遊具を見渡して、子どもたちだけで安全にかつ力を伸ばせる活動を教師が組み立てていきます。

　体育の種目によっては、準備時間を優先することもあります。

	1学期	2学期	3学期
実施内容	5分サーキットトレーニング (体育館はリズム太鼓で運動)		選べる5分サーキットトレーニング
指導ポイント	遊具でやる動きは、主運動との関連を意識して決めたいです。また、2学期には、運動の回数や内容についても、子どもの実態に合わせて修正をしていきます。		子ども自身にトレーニングする内容や回数も自己選択・自己決定するようにします。

① 5分サーキットトレーニング

最初に子どもたちに趣意説明をします。

「体育では、色々な体の力や感覚を使います。その力を伸ばすための活動が5分サーキットトレーニングです。授業開始の5分間、校庭にある遊具を使って、体を温めながら、基礎的な運動の力を伸ばしていきましょう」

このような説明をした上で、最初は、子どもと一緒に取り組み方を体験的に説明します。たとえば、次のような活動が可能です。

『ランニング→鉄棒→うんてい→のぼり棒→丸太→タイヤなど』

運動場を左回りで取り組んでいきます。取り組む内容は、学期ごとに難易度を上げていくと、子どもたちのモチベーションも高まっていきます。

また、主運動につながる動きを途中に入れていきます。

体育館の際には、遊具がないため、リズム太鼓というものを使って、教師の合図で多様な動きをするトレーニングもあります。

けんけんぱ、かえるの足打ち、かえる倒立、二人組でおんぶ、手押し車など、体の基礎感覚を育てる動きをやるようにしています。

② 選べる5分サーキット

3学期には、子ども自身にサーキットトレーニングの内容を考えてもらうようにします。クラスで共通したものというよりも、自分にとって必要なトレーニングをカスタマイズするイメージです。

鉄棒が苦手な子は鉄棒の練習を多くする子もいますし、のぼり棒は苦手だからちがう運動を多くするといった子がいても構いません。

大切なことは、なぜその運動をするのか、自分で説明ができることが条件になっています。

体育
縄跳びレベルアップ

縄跳び＝冬だけというイメージがあるかもしれません。

しかし、体育の授業開始に縄跳びをする活動を１年間継続すると、子どもたちは縄跳びが好きになり、縄跳びの技能がグンとレベルアップします。

帯指導年間イメージ

縄跳びをただやらせるだけでは、レベルアップはしません。

縄跳び級表のカードと縄跳びリレーをセットにするだけで、一気に縄跳び文化が教室に広がっていきます。

	1学期	2学期	3学期
実施内容	10回縄跳び	縄跳び級表チャレンジ	縄跳びリレー
指導ポイント	10回跳んだら、次々と間を空けずに指示を出します。 待つ時間が長いとだれていきます。	縄跳び級表の使い方を教える際は、体育館など声が通りやすいところで教えた方がよいです。	縄跳びリレーは、男女対決が盛り上がります。教師がミスをしたかどうか明確に判定して、リレー対決を盛り上げいきます。

 10回縄跳び

　運動場や体育館に子どもたちが集まってきたら、縄跳びでウォーミングアップです。

　「前跳び、10回跳んだら座ります」

　この指示のもと、次々と子どもたちが跳んでいきます。

　１学期は、子どもたちの実態把握の意味もこめて、教師が次々と色々な跳び方を指示していきます。

　だれがどれくらい跳べるのか把握しつつ、回数も10回を基本にしながら微調整していきます。

　「１分間、あや跳び練習タイム」といったように、集中的に１種類を練習するような時間をつくると、自然と子ども同士の学び合いが生まれていきます。

❷ 縄跳び級表チャレンジ

　向山型なわとび級表（右のQRコード）を参考に、難易度を細分化した縄跳びカードを使っています。

　Ｄ表からスタートし、Ａ表を目指して子どもたちが取り組みます。

　横一列できたら合格ではありますが、このカードのよさは、縦に自分の得意な跳び方だけをがんばることもできることです。

　これにより、個別最適な形で、子どもたちが縄跳びに挑戦できると思っています。

❸ 縄跳びリレー

　縄跳び級表とセットで取り組みたいのが、縄跳びリレーです。

　２列〜４列に並んだ上で、それぞれを縦でチームとします。

　前の人から指定された跳び方で縄跳びをして、ミスをしたら次の人が跳んでいきます。

　最後まで残って跳び続けた人がいたチームの勝ちになります。

　シンプルですが、子どもたちが熱中する練習方法です。

　男女対抗にしたり、班対抗にしたりすると、さらに熱中します。

　最初は二重跳びがほとんどできなかった子が、このリレーをやっているときにはじめてできるようなことも起き、チーム関係なく拍手喝采になります。

なわとび級表 C　　年　組　名前

	まえりょう足	まえかけ足	まえりょう足あや	まえかけ足あや	まえりょう足こうさ	まえかけ足こうさ	うしろりょう足	うしろかけ足
30級	5							
29級	10	5						
28級	15	10					1	
27級	20	15					3	1
26級	25	20	1				5	3
25級	30	25	2				8	5
24級	35	30	3	1			10	8
23級	40	35	4	2	1		13	10
22級	45	40	5	3	2	1	15	13
21級	50	45	6	4	3	2	20	15

【使い方】

①できた数のところまで色をぬろう。

②よこを見た時に、ぜんぶできたところが、あなたの級です。

③2〜3人ぐみでこうたいでできたかを見てもらおう。

外国語
ビンゴゲームの帯指導

対象 3〜6年生

おすすめ時間 本時のメイン活動

英語の学習ゲームはたくさん知っていた方がよいです。

オーソドックスな英語学習ゲームに少しずつ変化をつけて活用することで、英語を話す力を伸ばしていくことにつなげていきます。

帯指導年間イメージ

ビンゴゲーム自体は一般的な活動ですが、意図的にコミュニケーションをとるためのツールとして使うようにしていきたいです。

	1学期	2学期	3学期
実施内容	ビンゴゲーム	インタビュービンゴゲーム	ブランクビンゴゲーム
指導ポイント	英語で質問をしっかりと言うように、全体で確認を適宜行う。	質問の仕方をしっかりと練習した上で、ゲームをスタートする。	既習で使える表現を確認した上で、質問の仕方と答え方を確認してからゲームをスタートする。

1 ビンゴゲーム

最初は単語が書いてあるカードを配ります。

　たとえば、果物のイラストが描かれたビンゴカードを配布します。

　子ども「What's fruits do you like?」

　ALT「I like orange.」

　子どもたちみんなでALTに質問します。

　当たっていたら、○をつけていきます。

　シンプルで盛り上がるビンゴゲームだからこそ、大切にしたいのは、質問のときに、みんなでしっかり言うことです。

　ただ○をつけて終わってしまうのでは、質問の仕方が身につきません。

② インタビュービンゴゲーム

　同様にビンゴカードに書かれたものを持って、教室内を歩きます。

　出会った人に質問します。

　「What's fruits do you like?」（I like orange.）

　友だちが言った果物があったら、○をつけていきます。

　インタビュー形式にすることで、より会話に近い形でコミュニケーションをとることができます。

③ ブランクビンゴゲーム

　３学期の時期だからこそ、既習事項を使って、オリジナルビンゴカードにします。空欄になっているビンゴカードに、自分が友だちに聞いてみたい質問テーマのキーワードを書いていきます（イラストでも可能）。

　たとえば、「What's fruits do you like?」を聞きたい子は、果物を書きますし、「Where do you want to go?」を聞きたい子は、国の名前を書きます。

　お互いに聞きたいことを質問し合う中で、既習事項の定着をはかります。

外国語　スモールトーク

　英語がどうやったら話せるようになるか、一番の近道は、英語を話すことに他なりません。

　毎時間の授業の中で、ペアで英語を話す時間を帯指導で入れることで、英語でコミュニケーションを取ることへのハードルが下がっていきます。

帯指導年間イメージ

　自己紹介からスタートして、少しずつ学習した質問の仕方をスモールトークに取り入れていきます。2学期以降は1分間ストップせず何とか話し続けるといった時間の目標を設定して、英語を即興的に話す力を育てていきます。

	1学期	2学期	3学期
実施内容	スモールトーク（自己紹介＋1クエッション）	1分間スモールトーク	エンドレススモールトーク
指導ポイント	最初は教師がALTと手本を示してから実践するとわかりやすいです。	1分間でどれらくらい話せているか、時間を計測。途中で止まってしまったら、リタイア。	制限を設けずに話せるだけ話します。話せなくなったら、座っていく方式も盛り上がります。

1　スモールトーク（自己紹介＋1クエッション）

自己紹介も毎回繰り返しやるからスムーズになっていきます。

「My name is Taro Yamada.」（My name is Hajime Tanaka.）

「Nice to meet you.」（Nice to meet you.）

「What sports do you like?」（I like soccer.）

最初はこれくらいの内容をベースに、徐々に難易度をあげていきたいです。

また、いつも同じペアでのスモールトークでは、関わり方が限定されるので、

「3 person talk and sit down.」

といったように、対話相手を多様にしていくのも大切です。

2　1分間スモールトーク

　少しずつその学年での学びが蓄積されてきたら、1分間限定で、スモールトークを取り入れていきます。ルールはとにかく1分間ペアで話が途切れないように、お互いに質問し合います。最初の頃は、教師が既習で学んだことを一覧にしたり、図に表したりしてあげていると、安心して質問し合うことができます。

3　エンドレススモールトーク

　フリーテーマで、お互いに伝えたいことを紹介し合っていきます。

　制限を設けないことで、何とかして会話をつなげようと努力する子がたくさん現れます。

　キーフレーズを必ず使うようにしたり、NGワードを設定したりするなど、活動に変化を加えることで、楽しく英語を話すことができます。

タイピング　レベルアップ

対　象 3〜6年生

おすすめ時間 朝のモジュール、テスト終了後などの隙間時間、学習のまとめ

　タイピングのソフトはたくさん登場しています。

　ですが、何でもかんでもタイピングをやらせればよいとは限りません。

　スモールステップで子どもたちのタイピングスキルのレベルアップを目指します。

帯指導年間イメージ

　タイピングで身につけてもらいたいのがホームポジションです。

　タイピングへの経験があまりない時期だからこそ、まずはホームポジションを意識しやすいソフトからスタートしていくとよいと思っています。

	1学期	2学期	3学期
実施内容	プレイグラムタイピング ベネッセタイピング	キーボー島 タイピングコロシアム	ドキュメント等の レポート提出
指導 ポイント	基本的なホームポジションを教えます。タイピングの実態調査もすると、成長を3月に実感できます。	ゲーム感覚のあるタイピングで、練習量を増やしていきます。	目的をもってタイピングをする場面を増やしていきます。

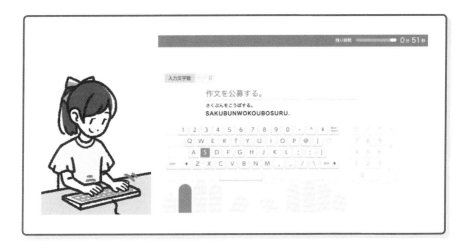

① プレイグラムタイピング　ベネッセタイピング

　ホームポジションを意識しやすいように、指の位置を示してくれるのがこの2種類のタイピングソフトです。

　特に、プレイグラムタイピングは、スモールステップで取り組める仕組みになっているだけでなく、タイピングの評価を★でしてくれます。

　このプレイグラムタイピングに合わせて作成したタイピング級表（P.163）を特典資料からダウンロードできます。

　また、私の場合、ベネッセタイピングで1分間に何文字入力できるかを実態調査として4月に記録するようにしています。

　学期に1回程度、タイピング記録会をすることで、子ども自身が成長を実感できます。

② キーボー島　タイピングコロシアム

　これら2つのタイピングサイトは、ゲーム性があり熱中する子も多いです。

　敵キャラをタイピングを通して倒していく仕組みのため、攻略するため

に自然と休み時間も練習する子が出てきます。

　キーボー島は学校単位でのアカウント登録が必要ですが、ロールプレイング形式で学べて、子どもたちにも人気です。

　「タイピングＺ」のサイトにある「タイピングコロシアム」は、「キーボイド」と呼ばれるモンスターを育てながら、タイピングでバトルをしていくゲームです。

　モンスターをレベルアップさせる育成ゲームのような特徴もあり、子どもたちは競い合って挑戦しています。

　タイピング初心者向けには、「０から始めるタイピング」という別のモードもあるので、まずはそちらからやってみるのもおススメです。

❸　ドキュメント等のレポート提出

　様々なタイピングソフトで練習することは大切ですが、あくまで練習ということを忘れてはいけません。

　一番の目的は、授業の中で、身につけたタイピングスキルを活用することです。

　だからこそ、授業の中でタイピングを使う場面を意図的に多く設定していきたいです。何か伝えたいことがあるからこそ、タイピングのスキルもより向上していきます。

　授業の中の課題に、ドキュメントやスライドなどを使って、まとめる場面を２学期〜３学期に多くすることで、初めて使えるタイピングの力になっていきます。

タイピングソフトには様々な種類がありますが、ゲーム性の強いものは、ホームポジションをある程度
覚えてから子どもたちに提示する方が、正しく打てるようになります。

タブレット端末活用
レベルアップ

対　象	3～6年生

おすすめ時間	本時のメイン活動

　タブレット端末が導入されて、子どもたちの操作スキルも高まってきました。

　子どもの実態によって、何から教えていくかは変わりますが、ここでは共同編集を使いこなすことを目指してのステップを示します。

帯指導年間イメージ

　タブレット端末で使えるアプリは多様にあるため、ここではJamboardのみを取り上げて紹介します（Jamboardは2024年12月31日で提供終了のため、Fig Jamなどで代替可能です）。

　ただし、考え方としてはどのアプリであっても最終的に共同編集や自己選択・自己決定場面を増やしていくイメージです。

	1学期	2学期	3学期
実施内容	Jamboardの個人活用、Jamboardの相互参照	Jamboardの共同編集	アプリの選択的使用
指導ポイント	個人の活動であっても、お互いの情報を見合うことのよさに気づかせていく。	どんなトラブルが起きそうか先に予告すると、比較的混乱が減ります。	それぞれのアプリのメリット、デメリットは確認しておく必要があります。

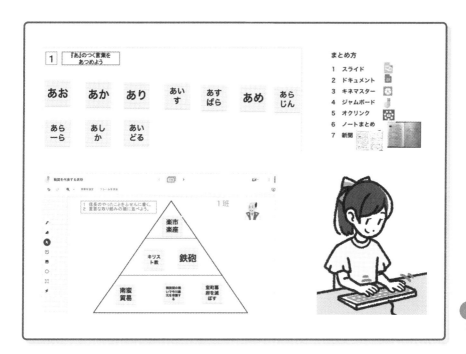

1 Jamboardの個人活用、Jamboardの相互参照

Google Classroom経由で、子どもたち一人ひとりにJamboardを配布することからスタートしたいです。

最初は簡単なゲームのようなことからスタートします。

たとえば、「『あ』のつく言葉を集めよう」。このようなシンプルな活動からやるとよいでしょう。

そして、徐々に、学習と関連する課題をJamboardで取り組むようにしていきます。

Jamboardを使って個人で取り組んだデータは、Google Drive経由で、お互いが見える状態にするとよいです。

こうやってお互いの情報を見合う、「相互参照」という経験をたくさん1学期にはさせたいです。

② Jamboardの共同編集

　相互参照のよさを体験できたら、次はみんなで同時にJamboardを操作する共同編集を体験していきます。

　同時に操作をするということは、最初は混乱も生まれますが、根気強くやっていくと子どもたちが操作を覚えて、効率的かつ協働的に学ぶことができるようになっていきます。

　たとえば、友だちの付箋を勝手に動かしてしまった。

　そんなトラブルがあったとしたら、子どもたちに「どうしたらよかったかな？」と投げかけてみるとよいです。

　触る前に、「先に声をかける」「お互いに確認し合えるように机を向かい合わせにする」といったようなコミュニケーションの大切さをクラスで一つずつ確認したいです。

　また、「操作ミスは必ずある」という共通認識も大切です。

③ アプリの選択的使用

　２学期までの間にたくさんのアプリを使えるようになり、また、相互参照と共同編集で協働的に学べることが増えてきたら、次のステップに入ります。

　学習の課題に応じて、必要なアプリを自己選択していきます。

　自分の考えをまとめるのに、文章のようにドキュメントでまとめたい人もいれば、スライドに画像と言葉でまとめたい人もいるかもしれません。

　自分が伝えたい内容に合わせて、効果的なアプリを選択する力を育てていきます。

第7章

学級経営の
帯指導

あいさつの帯指導

対　象 全学年

おすすめ時間 朝の会、学活

あいさつができる学級は、自然とよい学級になりやすいです。

ですが、強制的にあいさつをやらされても、きっと子どもたちは気持ちよくないでしょう。だからこそ、子どもが自分からあいさつをしたくなる手立てが必要です。

帯指導年間イメージ

	1学期	2学期	3学期
実施内容	あいさつの語り	あいさつ級表	あいさつのブランド化
指導ポイント	4月は1週間に1種類あいさつの語りをするつもりで、その意義を伝え続けます。	毎日のあいさつも、時には停滞することがあります。そんなときは、楽しくあいさつの練習をするきっかけを教師がつくります。	自分たちのクラスと言えば〇〇。そういった自信があることは素敵なことです。あいさつに対して、成長が実感できるこの時期だからこそ、価値に気づかせます。

❶ あいさつの語り

4月の出会いから1週間の中で、私はあいさつの意義について語ること

が多いです。

　当たり前のようにしているあいさつですが、なぜ、それをした方がよいのかについて、子どもたちに語ることから、あいさつを広げていく指導はスタートします。

　たとえば、このような語りを子どもたちにしています。

　「『おはようございます』ってどういう意味か知ってる？」

　「実は、『おはようございます』は、本当はもっと長い言葉なんだ」

　「『お早くお起きになって　今日一日があなたにとって　幸せな日になりますように』という相手の幸せを願う意味があるそうです」

　「だから、英語でも『Good　Morning』なのだと思います」

　「教室でいつもだれかに『おはようございます』と言っている人は、それだけでたくさんの人を幸せにしてくれているんだね」

　あいさつをする意味を理解すると、不思議と教室の中に気持ちのよいあいさつが広がっていきます。

教師はその変化を見逃さずに、必ずそのあいさつをした子どもたちを価値づけていきます。

　価値づけるといっても伝えるのはたった一つです。

　『ありがとう』

　とにかく、子どもたちの素敵なあいさつに対して、私は感謝の言葉を返すようにしています。

　あいさつの語りには次のようなものもあります。

　「学級が始まって3日が経つけれど、先生すごいなぁって思う人を見つけたんだ。それがAさん。どうしてだと思う？」

　「それはね。あいさつがとってもいいんだ」

　「どこがいいかわかる？」

　「それはね、自分から挨拶しているんだ。こういうあいさつを『先手挨拶』って言うんだ」

　「こういう風に、先にあいさつすると、あいさつされた相手は気持ちよくなるんだよね」

　このようにして、「先手挨拶後手返事」というキーワードを教えます。

　教えたら、これを広げていきます。

　「今週1週間は、先生とあいさつ勝負をしてみない？　どちらが先手挨拶できるかの勝負です。どうやってみない？」（やってみる！）

　学年にもよりますが、中学年くらいまでなら、このような取り組みが子どもたちは大好きです。

　教師も真剣に、先手であいさつすることを心がけていきます。

　このような語り＋価値づけを繰り返す中で、あいさつの輪が学級に広がっていきます。

② あいさつ級表（渡辺道治氏実践）

広がってきたあいさつも、停滞する時期がやってくるときがあります。

そんな時期に起爆剤として、使うのが『あいさつ級表』です。

この級表を示しながら、

「自分は今、何級くらいのあいさつかな？」

こうやって、自分自身のあいさつのレベルをメタ認知する機会をつくっていきます。

その上で、１週間程度、自分でどれくらいの級のあいさつにしていきたいか目標を決めて取り組むようにします。

あくまで、子どもたち自身が自分にあったゴールを設定して、ふりかえる場面をつくっていけるようにしていきます。

あいさつ級表

10級	あいさつを返すことができる
9級	自分から先にあいさつできる
8級	ハリのある声であいさつできる
7級	笑顔であいさつできる
6級	相手の目を見てあいさつできる
5級	相手の名前を呼んでからあいさつできる
4級	立ち止まってあいさつできる
3級	おじぎしてあいさつできる
2級	１日に１０人以上にあいさつできる
1級	１日に３０人以上にあいさつできる
初段	１日に５０人以上にあいさつができる
2段	誰にでもあいさつができる
3段	2段の状態が１か月以上続く
4段	いつでも誰にでもあいさつができる

師範代

　自分のあいさつを他の人にも広められる

　あいさつの師匠となる人

また、その際、それぞれの級のあいさつを子どもたちとやってみるような体験をするのも楽しいです。

最初は、ペアになって、わざと無表情であいさつをやってみます。

その後、笑顔であいさつをやってみます。

「やっぱり笑顔であいさつされた方がうれしいなぁ」

と子ども自身が体験的に気づくことができます。

練習した次の日などの変化を見逃さず、しっかりと価値づけていきたいです。

とりわけ、クラスの子どもたちがあいさつをがんばるようになると、他の先生方から認めていただくことも増えていくでしょう。

そのような間接的に認められる言葉も、子どもたちにとっての励みになります。

また、あいさつというと、「おはようございます」「こんにちは」といったあいさつが注目されがちですが、「よろしくお願いします」「ありがとうございます」といったものも大切にしたいあいさつです。

これらのあいさつについても、語りや練習などをセットにして広げていきます。

③ あいさつのブランド化

あいさつの帯指導は、学級経営という特性上、1学期の段階でぐんと伸ばしたいところではあります。

そうやってある程度、学級の中であいさつをする文化が定着してきたら、教師はそのことをクラスの素晴らしさとして価値づけていきます。

「○年○組のあいさつは、全校の手本だよ」

「みんなのあいさつが地域の人を幸せにしているよ」

「4月からこれだけあいさつが成長したクラスを先生は見たことないよ」

　このように、クラスとしての成長のシンボルにあいさつをしていきます。

　そこまでくれば、自然と子どもたちは、自信をもってあいさつを全校にも広げていくようになります。

　私の勤務してきた学校の中には、学校全体として、「あいさつができる○○小学校の子どもたち」といったようにブランド化されているところもありました。

　学校全体で、廊下で会った人が、あいさつし合っている姿はとても気持ちがよいものです。

　そして、その文化をつくるときにもっとも大切なのは、教師自身があいさつをしていくことです。

　率先垂範がなければ、すべての指導は広まりません。

第

7

章

学級経営の帯指導

整理整頓の帯指導

対　象	全学年

おすすめ時間	朝の会、帰りの会、学活

　しつけの三原則の一つにあげられる整理整頓ですが、全員に一様に整理整頓を求めるのは、つらい子もいます。学級の中で、楽しくやりがいを感じながら整理整頓の文化をつくっていきたいです。

● 帯指導年間イメージ

　目的を語り、体験し、その後の変容を価値づけるという流れは、どの帯指導でも共通してきます。整理整頓においては、その際に、見える状態にしてあげることが重要です。

	1学期	2学期	3学期
実施内容	整理整頓の意義の語りと見える化	整理整頓コンテストシークレットクリーン	整理整頓恩返しプロジェクト
指導ポイント	語りと見える化をセットにしていくことが大切です。	イベント的な取り組みだからこそ、イベント後の姿を価値づけたいです。	子ども自身に自己選択、自己決定する場面を整理整頓でも大切にします。

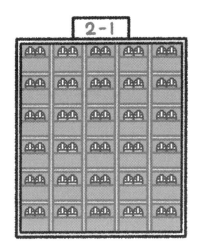

「はきものをそろえる」

はきものをそろえると 心もそろう

心がそろうと はきものもそろう

ぬぐときに そろえておくと

はくときに 心がみだれない

だれかが みだしておいたら

だまって そろえておいてあげよう

そうすればきっと

世界中の人も 心も そろうでしょう

長野県の住職
藤本幸邦（ふじもと こうほう）さん

① 整理整頓の意義の語り、見える化

（１）整理整頓の意義の語り

　子どもたちが、学校生活で整理整頓をする場所は様々あります。

　靴箱、お道具箱、ロッカー、学級文庫、掃除用具箱など、自分のものからみんなで使うものまで色々とある中で、なぜそれを整理整頓する必要があるのかは伝えたいです。

　４月の出会って間もない頃に、私は靴箱に子どもたちを連れていくことがあります。

　靴箱の前に座らせて、

　「みんな気づいたことある？」

　そう伝えると、

　「僕の靴、ちゃんとそろっていない？」

　「〇〇さんのすごくきれいにそろっている」

　そのような言葉を子どもは言います。

「みんなどうしたい？」

と聞くと、次々と直したいと言い始めます。そして、再度きれいにそろえる時間をとってあげます。

きれいになった靴箱を撮影して教室へ戻ります。

写真を子どもたちに見せながら、

「何でこうやって靴箱やロッカーをそろえた方がよいのかな？」

子どもたちに聞くと、子どもたちは自信満々に答えてくれます。

「そろえた方が、気持ちがいい」

「そろっていないと、落ちてしまって無くなっちゃう」

そこで、前のページの藤本幸邦さんの詩「はきものをそろえる」を紹介します。

「靴をそろえると、心がそろうんだね。そうすると、みんなが仲良くなれるんだね」

「明日も、きれいに靴やロッカーのものそろえたいなっていう人？」

元気よく子どもたちの手が挙がります。

これは低学年をイメージしたやり取りです。

このようなやり取りを通して、子どもたちに整理整頓する意義について考えてもらいます。

高学年であれば、大谷翔平選手やイチロー選手など、一流の選手たちが道具をどのように扱っていたのかなど、人物のエピソードで伝えていく方法もあります。

（2）見える化

さて、先ほど写真を撮影していたのは、その写真を活用するためです。

教室に掲示したり、学級通信で紹介するなどして、『見える化』をします。

「整理整頓しなさい」

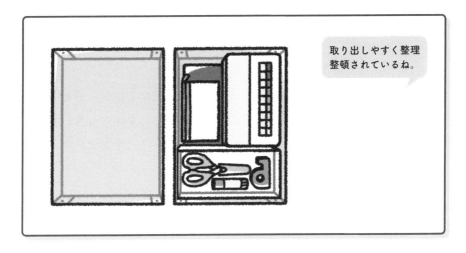

取り出しやすく整理
整頓されているね。

　そう言われても、どのようにすることが整理整頓された状態かイメージ
しづらい子もいます。

　だからこそ、視覚的に見える状態をつくることが、整理整頓が苦手な子
にとっての支援になっていきます。

2 整理整頓コンテスト　シークレットクリーン

（1）整理整頓コンテスト

　お道具箱の中身は、気づくと乱れてしまうものです。

　また、整理整頓が上手な子は、無駄なものがないだけでなく、整頓しや
すい工夫をしていることが多いです。

　その工夫に気づいてもらうために、『整理整頓コンテスト』を開催する
ことがあります。

　「今から5分間で、お道具箱を整理整頓します。自分の中で、一番整っ
た状態にしてみよう。終わったら、だれのお道具箱が整っていたか、お互
いに見合いましょう」

　そう言って、一斉に整理整頓を開始します。

こういうとき、整理整頓が普段は苦手な子ほど、めちゃくちゃがんばります。

そして、見違えるようにきれいな状態にするのです。

机に置かれたお道具箱はどれも整理整頓された状態ですが、あえてお互いに見合う時間をとり、友だちの整え方のよいところを発表し合います。

お互いのよさに気づけるだけでなく、整理整頓することの気持ちよさを実感できます。

（2）シークレットクリーン

自分のもの以外にも教室には整理整頓すべきものがあります。

そういったものに目をつける意味で、『シークレットクリーン』という活動をします。

1週間限定で、クラスのだれにも気づかれないように、教室や廊下などをこっそり整理整頓や掃除をします。

帰りの会でどこを整理整頓したかを発表していくと、お互いに知らない間に、整理整頓をしてくれていたことに気づけて、温かい雰囲気になります。

1週間限定と言いながらも、その後もクラスのものを整理整頓してくれるような子が出てくる取り組みです。

❸ 整理整頓　恩返しプロジェクト

よく6年生になると、お世話になった学校への恩返しプロジェクトと題して、学校を掃除したり、壊れたものを修理したりする活動があります。

それの整理整頓バージョンです。

自分のクラスや学年、学校で1年間お世話になった場所を整理整頓していきます。

　図書室をよく利用していた子は、図書室の本棚を整理整頓するでしょうし、運動場でよく遊んでいた子は、運動場に落ちているゴミを拾うかもしれません。

　自分がお世話になったと思う場所を考え、自分で選択して整理整頓するからこそ、やらされ感の少ない活動になります。

　自分のための整理整頓からだれかに喜んでもらう整理整頓へと子どもたちの意識を変えていきます。

　６年生でなくても、お世話になった場所に対して、想いを馳せることは気持ちがよい活動になります。

教室移動の帯指導

　学校の中で、並んだり集合したり、教室移動というのはよくあります。3月が終わるとき、教師がいないと並べない、教師がいないと教室移動がうるさくなる、このような状態を避けるには指導が必要です。

帯指導年間イメージ

　早く並ぶよさ、静かに移動することの意味、これについて体感すると同時に意味を理解する必要が必ずあります。

　その上で、教師の存在をフェーディングしていきたいです。

	1学期	2学期	3学期
実施内容	教師と移動 早く並ぶ意義の確認と体験、細かな予告と承認、確認と承認	子どもだけでの移動 適度にやり直す	並ばず移動
指導ポイント	教師が積極的に教室移動に関わっていきます。特に予告が大切です。	学級の実態によっては、教師の関わりは慎重に減らしていきます。また、やり直しをし過ぎるのは雰囲気を悪くするので要注意。	学校のルールで可能なら、並ばず移動する形を増やします。何のために教室移動するのかが大切です。

① 早く並ぶ語りと体験、細かな確認

「なぜ、早く並ぶ必要があるのか？」

その意味を子どもたちに語る必要があります。

「教室移動の際、早く並ぶとどんなよいことがありますか？」

（時間に遅れない。周りのクラスに迷惑がかからない。気持ちがよい）

「何分で並ぶのを目標にしますか？」（10秒、20秒）

このような対話を通して、自分のクラスの並ぶ目的と目標設定を確認したいです。

「では、練習でやってみよう」

そう言って、実際にやってみると、子どもたちはものすごく早く並ぼうとします。もちろん、これは練習だからです。ですが、一度体感していることで、早く並ぶことって気持ちがよいと気づけます。

その後の日常で、並んだり、移動したりすると、並ぶのが遅くなったり、移動が騒がしくなることもあります。

だからこそ、大切なことは教師の予告と確認です。

「次の時間、教室移動です。何秒で並ぶんだっけ？」（20秒）

この予告があるだけで、子どもたちの意識が変わっていきます。そして、その行動ができたことを価値づけていきます。

「素晴らしいなぁ、とっても時間意識があるクラスだね」

予告と承認の連続が最初は大切です。

また、教室移動する際は、ついついおしゃべりしてしまうものです。

ですから、最初のうちは、教師が先頭を歩きながら、途中で止まります。

「ここまでしゃべらず、歩けている人？」

「他のクラスの子たちのことを考えられる、優しい人たちだね。ありがとう」

このような確認を繰り返していくと、静かに歩く意味を繰り返し伝える

ことができます。

　１学期は、予告と確認を繰り返し、それらの行動を承認していきます。

❷　子どもだけでの移動　適度にやり直す

　教師と一緒に移動することがしっかりとできるようになってきたら、子どもたちだけでの移動に挑戦するようにしていきます。

　「みんなは、これまで教室移動のとき、早く、静かに移動することができるようになってきました。そろそろ次のレベルに挑戦しませんか？　それは先生なしでの教室移動です。自分たちだけの力で並び、静かに移動をする。みんなならできると思うんだけど、どうかな？」

　そのような期待を込めた投げかけをしたら、きっと子どもたちは「やってみる」と言うでしょう。

　そこで、子どもたちだけでの教室移動の場面をつくっていきます。

　しかし、だからといっていきなり教師がいなくなるのは、補助輪を突然外すようなものです。

　そのため、まずは、列の後ろで見守るところからはじめてみるとよいです。

　そして、徐々に教師が先に目的地に移動しているような場面をつくっていきます。きっとうまくいかない場面も出てきますが、そこが学ぶときです。たとえば、並ぶのに時間がかかっている場面があれば、一度教室に戻します。

　「どうして戻ったと思う？」（並ぶのが遅すぎました）

　「もう一度どうぞ」

　そう伝えると、さっと並べます。

　教師が何かを語ると説教のようになってしまいます。

　子どもたちは、十分自分たちの課題がわかっていると思いますから、説教よりもやり直しで十分です。そして、できたことを笑顔で認めてあげましょう。

　こういった繰り返しの中で、徐々に子どもたちだけでの教室移動が成立

していきます。

　この際、先頭に並ぶ子を選んだり、並ばせるリーダーをつくる方法もあります。ただし気をつけたいのが、リーダーができることで、子ども同士の関係性がギクシャクすることです。リーダーをつくる場合は、どのような言葉がけが大切かまでセットでリーダーを育てるようにしたいです。

❸　並ばず移動

　何のために教室移動で並ぶのでしょうか？

　それは、集団での行動を学ぶため、他クラスに迷惑がかからないため、様々理由は考えられます。

　でも、何でもかんでも並んで教室移動をする必要はあるのでしょうか？

　たとえば、会社で会議をするために、会議室に移動するのに、社員みんなで並んで移動するでしょうか？

　きっとしないと思います。

　つまり、教室移動というものは、社会に出たら不自然な行動でもあります。

　だからこそ社会に出たときのことを考えたら、他クラスに迷惑がかからないように静かに移動できることも必要だと私は考えています。

　相手意識が育ってくれば、自然とバラバラであっても静かに移動はできます。

　大切なことは、並ぶことではなく、相手意識を忘れず移動することだということを、子どもたちには教えていきたいです。

給食準備の帯指導

| 対　象 | 全学年 |

| おすすめ時間 | 給食時間、学活 |

給食準備が早いクラスは概ね学級が安定していることが多いです。

逆に学級が荒れてくると、給食の準備や片付けは遅くなる傾向にあります。

子どもたちが自治的に給食準備ができるようにステップを考えていきます。

帯指導年間イメージ

給食準備で大切なことは、安定したシステムをつくることです。

給食準備のシステムが安定してきたら、徐々に準備時間を早くしていく意識をもたせていきます。

	1学期	2学期	3学期
実施内容	給食準備の基本指導	子どもたちだけでの給食準備、給食準備レベルアップ月間	役割なし給食準備 ・給食準備卒業チャレンジ
指導ポイント	学校のルールを確認した上で、教師が一緒に配膳のコツを教えていきます。	教師は見守ることが基本ですが、必要なことについてはアドバイスをしていきます。 準備時間を記録したものは、見えるように掲示していきます。	給食準備の役割分担をなくすことで、譲り合いやコミュニケーションが生まれます。 チームで相談する時間を確保してあげるとやりやすいです。

給食当番表

	A	B	C	D	E	F	1週目	2週目	3週目	4週目	5週目	6週目	7週目
1	相川	栗田	添田	西田	平冢	山崎	ご飯・パン・めん	配り	おかず③配り、デザート	おかず②	おかず①	牛乳・ストロー	おぼんおはし
2	井上	剣崎	高橋	沼田	本田	湯藤	おぼんおはし	ご飯・パン・めん	配り	おかず③配り、デザート	おかず②	おかず①	牛乳・ストロー
3	上田	小林	千原	根木	松本	米田	牛乳・ストロー	おぼんおはし	ご飯・パン・めん	配り	おかず③配り、デザート	おかず②	おかず①
4	遠藤	佐藤	津川	野村	三島	雷文	おかず①	牛乳・ストロー	おぼんおはし	ご飯・パン・めん	配り	おかず③配り、デザート	おかず②
5	岡田	篠原	寺山	花田	村田	両津	おかず②	おかず①	牛乳・ストロー	おぼんおはし	ご飯・パン・めん	配り	おかず③配り、デザート
6	加藤	鈴木	殿内	平井	米良	瑠璃川	おかず③配り、デザート	おかず②	おかず①	牛乳・ストロー	おぼんおはし	ご飯・パン・めん	配り
7	岸田	瀬野	中田	福島	桃田	冷泉	配り	おかず③配り、デザート	おかず②	おかず①	牛乳・ストロー	おぼんおはし	ご飯・パン・めん

❶ 給食準備の基本指導

給食準備を安定させるために大切なことは３つあります（自著『教師１年目がハッピーになるテクニック365』より引用）。

（１） 役割分担を明確にする

掃除当番などと同様に、だれが何をするのかを明確に示しておく方が安定します。毎回、仕事の内容が変わると、仕事がなかなか上達しないからです。上の表のようなものを私は使っています。

（２） 給食の流れを示す

概ね学校全体でつくられている場合があります。このような給食の流れは最初に示すべきです。また、全体でその流れを確認する方がよいです。給食初日の日は給食前に子どもと確認しておくとスムーズに動けます。

（３） 最初は、教師が一緒に配膳する

給食の盛り付ける量のイメージが、子どもたちはなかなかもてません。ですから、最初は教師が基準となる量をやってあげるとよいです。

「これと同じ量でやってごらん」

そう伝えると、比較的安定して配膳できます。足りなくならないように、少なめにしておく方が確実です。

これらの基本指導をしていけば、概ね給食指導で困ることは減っていきます。

子どもたちの配膳の様子や給食当番以外の動きについても、どのような姿がよいのか学級通信などを通じて紹介し、価値づけていきます。

② 子どもたちだけでの給食準備、給食準備レベルアップ月間

給食準備の基本ができるようになったら、子どもたちだけでの給食準備を目指したいです。

教師が今まで手伝っていたことを徐々に子どもたちに任せていきます。

きっと、最初は教師が手を出した方が早いでしょうが、それをグッと我慢して、子どもたちのがんばりを励まし続けます。

また、その際、給食準備時間を短縮していくための給食レベルアップ月間を設定します。

給食レベルアップ月間では、次のようなことをまずは伝えます。

「給食準備が早いクラスはチームワークがよいことが多いです。皆さんはチームワークのよいクラスになりたいですか？」

このように問われると、多くの場合、チームワークをよくしたい、早く準備できるようになりたいと子どもたちはやる気になります。

「それでは、今月を給食レベルアップ月間とします。この1ヶ月間は、給食当番はもちろん、クラスみんなで協力して、給食準備の時間を短くしていきましょう」

そう伝えて、給食準備の時間を計測するようにしていきます。

　この準備時間は、出てくる給食の内容によって時間は変わるものです。

　ですから、私のクラスでは、ご飯、パン、麺の３つの記録を別々で記録しながら、タイムを短縮するようにしています。

　時間を測った上で、そのタイムを子どもたち自身に分析させます。

　準備のときの無駄はないか？

　片付けの仕方に無駄はないか？

　どうしたらもっと早く準備できるか？

　そういった議論をすることで、子どもたちの中で、給食準備や片付けへの意識が変わっていきます。

　また、この際、給食当番以外の動きにも目を向けるようにしていきたいです。

　給食準備中、手早く手洗いをしているか、配膳を協力しているかなど、クラス全体でレベルアップするためのことを考えるようにしたいです。

　これらの給食レベルアップ月間は、あくまで１ヶ月だけの限定的な取り

組みです。

　１年間ずっとタイムを測り続ける方法もありますが、あくまで時間を測ることは手段であって目的ではありません。

　ある程度、早く準備できているなら、十分チームとして成長していると考えるため、１ヶ月限定くらいがちょうどよいと考えています。

❸ 役割なし給食準備　給食準備卒業チャレンジ

　学級をより自治的な状態にしていこうとするなら、役割分担も徐々になくしていくようにしたいです。

　明確な役割をなくして、給食当番中の仕事は、お互いがコミュニケーションを取りながら、取り組めるようにします。

　「給食当番の役割分担をなくします。これはチームとしてのレベルはもちろん、相手意識が高くないとうまくいきません。でも、今の君たちならできると先生は思っています。給食準備卒業チャレンジ、挑戦してみますか？」

　このように期待を込めて挑戦を促すと、子どもたちはチャレンジしようとするでしょう。

　当然、仕事分担がないことでうまくいかない場面も出てきますが、譲り合ったり、フォローし合ったりして、しっかり配膳ができたとき、子どもたちは達成感に満ちた表情をするでしょう。

　教師は、子どもたちのそのような成長している姿を見取りながら、全体や個別で価値づけていくことで、子どもたちの自信にもなっていきます。

　これらの取り組みは、学級の実態を見誤って無理に挑戦させると、子どもたちにとってもつらい給食準備になります。

　子どもたちの育ちをしっかり見取った上で、無理のない範囲で挑戦したいです。

清掃の帯指導

対　象　全学年

おすすめ時間　清掃の時間、学活

　清掃をただの業務と考えるなら、清掃は業者に任せた方がよいです。

　清掃を通して、子どもたちの成長を願うなら、年間を通じて、どんな力をつけていきたいのか意識して、手立てを打つ必要があります。

帯指導年間イメージ

　給食指導同様に清掃のシステムも明確であればあるほど、まずは安定します。

　それができた上で、少しずつ子ども自身が考えて掃除をする場面を増やしていくと、子どもたちが成長できる清掃時間になっていきます。

	1学期	2学期	3学期
実施内容	清掃の基本指導	自問清掃	清掃卒業チャレンジ
指導ポイント	清掃の基本的な土台をつくります。教師が一緒に清掃するから、子どものがんばりが見つかります。	自分のために掃除をするという取り組みだからこそ、自分の清掃をふりかえる時間は大切にしたいです。	学級の実態に合わせて取り組みたいです。どうしてその清掃をしていたのか、子ども自身に言語化させていくとよいです。

1 清掃の基本指導〜仕組みづくり〜

　清掃を子どもたちが意欲的に取り組むための前提条件が3つあります（自著『教師1年目がハッピーになるテクニック365』より引用）。

（1）　はっきりとした役割分担

　「いつ、どこで、だれが、何をするのか」

　これがはっきり当番表に示されていなければなりません。

　当番表のつくり方は色々ありますが、私は1ヶ月くらい固定にして、「プロの当番」になって交代するやり方をしています。

（2）　やり方を教える

　子どもは掃除の仕方を基本的に知りません。できなくて叱るのではなく、まずはやり方を教えてあげます。

私は学活の時間を使って、掃除の仕方を最初はみんなで確認したりもします。

（3） よい道具を用意する

「弘法筆を選ばず」という、ことわざがありますが、子どもは弘法ではないので、よい道具を用意してあげましょう。

よい道具は子どものやる気をアップさせます。

❷ 清掃の基本指導〜仕組みの強化〜

これらの前提条件が整った上で、教師は次のようなことを大切にしなければなりません。

（I） 教師が一緒に掃除する

当たり前だと思っていましたが、実は案外一緒に掃除をしている先生は少なかったりします。一緒に掃除をする中で、子どもたちのがんばりを認めることができます。

率先垂範が大切です。

（2） 掃除後の即時フィードバック

掃除が終わったら、「今日の掃除の仕方は何点でしたか？」と子どもの自己評価の場面をつくったりします。

ちょっと手を挙げるだけでも、自分の掃除の仕方をメタ認知できるきっかけになります。

（3） 反省会ではなく、ふりかえり

掃除終了後、ふりかえりの時間をとっている学校もあります。

このとき、ただダメなところを報告する反省会で終わることがあります。

　それよりも、だれのどんな掃除の姿がよかったか、これからどうやって掃除していきたいか、プラスのフィードバックができると掃除が変わっていきます。

3 自問清掃（平田治氏実践）

　清掃の基本が身についてきたら、そのレベルアップとして自問清掃に取り組みます。

　「なぜ学校で掃除をするのか？」

　そう聞かれれば、学校を綺麗にするため、自分たちが使った教室だから、などと子どもは答えるでしょう。

　しかし、それとは別の目的のためにする掃除もあるのではないでしょうか？

　それが自問清掃です。自問清掃は、清掃を通して自分を磨こうとする取

り組みです。とりわけ、清掃を通して自分自身が３つの力をつけるため（３つの玉を磨くため）に清掃をしていきます。

（１）がまん玉（意志力）
（２）しんせつ玉（情操）
（３）みつけ玉（創造性）

（１）がまん玉とは、迷惑になるおしゃべりをがまんして、時間いっぱい一生懸命掃除をすることで磨かれます。

（２）しんせつ玉とは、しゃべらず清掃する不自由さをカバーするために、まわりの人の気持ちや困っている様子を考え、気配りをしながら働くことで磨かれます。

（３）みつけ玉とは、早く掃除が終わった場合でも、他に美しくできる所がないか見つけながら、時間いっぱい掃除をすることで磨かれます。

　自分の心を磨くことは、決して簡単なことではありません。
　ですが、３つの玉を意識して掃除をすることで、自分を成長させようとする意識が高まっていきます。
　これらの自問清掃の質を高めるには、自問清掃をふりかえるノートを作成したり、自問清掃のがんばりを点数で自己評価したりする方法もあります。
　大切なことは、子どもたちが自分自身を磨いていると思う姿を、教師が個別や全体で価値づけ続けることだと思っています。

④ 清掃卒業チャレンジ

　給食当番の役割をなくす取り組みと同様に、清掃の役割分担をなくす取り組みです。

　役割分担がない清掃は、子どもたちはサボるどころか意欲をもって、自分でやりたい掃除をがんばります。

　もちろん、自分がただやりたいことをやっている姿よりも、クラスや学校のために、今自分はどんな清掃をしたらよいのか考えて行動している姿を教師は見取っていきたいです。

　そのためにも、教師も一緒に考えながら、清掃し続ける必要があります。

　この取り組みが心配な場合は、普段の掃除時間ではなく、お試しとして大掃除などで挑戦してみる方法もおすすめです。

　子ども自身に自己選択・自己決定の場をつくれる清掃の取り組みになります。

遊びの帯指導

対　象 全学年

おすすめ時間 休み時間、学活

　学校において休み時間の遊ぶ時間は、子どもにとってオアシスです。

　この時間をクラスみんなで居心地よく過ごせるようになると、休み時間がより楽しいものになります。

帯指導年間イメージ

　休み時間の遊びを無理に強制する必要は原則ありません。

　ただ、みんなで遊ぶことの楽しさ、班で遊ぶことの楽しさを感じる経験は、学校だからこそできる大切な時間だと思っています。

	1学期	2学期	3学期
実施内容	クラス遊び、遊び体験	班遊び	先生なしクラス遊び
指導ポイント	遊びを通して、子ども同士の人間関係をつなげていきたいです。	遊びの本などを教室に置くと、遊びを考えるのに役立ちます。	安全上、教師は遠目で見守るなどの配慮は必要です。

① クラス遊び　遊び体験

　1学期にクラス遊びをするのは、子どもたちの様子を知るためでもあります。

　笑顔で参加している子もいれば、ちょっぴり遠くにいる子など様々見ることができます。

　この時期のクラス遊びは、教師が積極的に参加して盛り上げます。

　係活動の一環で、クラス遊びが週１回計画される場合でも、その遊びがどうやったら面白くなるのかアドバイスをしていきます。

　安易にいつも同じ遊びにならないように、色々な遊びの種類を体験できるように教師が教えてあげたいです。

❷　班遊び

　班遊びとは、生活班のメンバーで相談して遊びを決めて遊ぶ活動です。

　班の仲を深める活動として、２週間に１回程度取り組みます。

　教室でトランプをやるのもよいですし、外に出て縄跳びをするのもよいでしょう。

　大切なことは、みんなが楽しめる遊びをみんなで考えてやることです。

　班遊びを考える際には、参考になる遊びの本や遊びのサイトを教師が紹介してあげると、子どもたちは喜んで遊びを考えます。

❸　先生なしクラス遊び

　子どもたちの仲が深まってくると、クラス遊びも子どもたちだけでやっていけるようになります。

　教師は仕事があるから参加できないというネガティブな形ではなく、意図的に自分たちだけで楽しい時間を創り上げていることを認めていきたいです。

　また、うまくいかないような場面があれば、そのときにクラスでふりかえる時間をとっていけばよいと思います。

当番活動の帯指導

対象	全学年

おすすめ時間	朝の会、休み時間、学活、帰りの会

当番活動は子どもたちの責任ある行動を増やし、子どもたちの活躍の場をつくる大切な仕組みです。

しかし、仕組みだけでは、マンネリ化してしまうことも大いにあります。

帯指導年間イメージ

当番は一人一役を基本にしていますが、いずれ当番がなくても、クラスのためにできることをお互いがしていく関係性をつくっていきたいです。

	1学期	2学期	3学期
実施内容	一人一役当番 当番チェックシステム	当番免許皆伝制	みんな当番
指導 ポイント	一人一役が基本ですが、子どもたちのモチベーションが下がっては意味がないので、なるべく子どもたちの希望が叶うように調整します。	当番チェックシステムもマンネリ化しやすいです。そこで、当番のチェックシステムを卒業する仕組みにすることで、成長を実感しながら、チェックシステムをやめていきます。	当番があることで、クラスは居心地よい状態になります。しかし、当番だからやるのではなく、自分たちで率先してやるようになると、もっと居心地よくなります。

① 一人一役当番　当番チェックシステム

当番と係の２種類にはちがいがあります。

◆当番

　定期・不定期にかかわらず繰り返される仕事で、少人数でよいもの。創意工夫をあまり必要としないもの

例）黒板当番、まど当番

◆係

　学級活動を豊かにするために必要な組織

（＝文化・スポーツ・レクの３分野）

例）スポーツ係、かざり係

４月になったら真っ先につくるとよいのが当番です。

　この当番があることで、教師一人で何でもかんでもやるのではなく、子どもたちが自分たちでクラスを動かしていくきっかけになります。

　また、何より、がんばる子どもたちをほめるチャンスにもなります。

　当番のイメージは「担任がいなくても１週間子どもが生活できる」ことです。

　これをイメージして子どもたちからアイディアを募集するとよいです。

　当番と係のちがいを子どもに説明した上で、どんな当番が必要か発表してもらいます。

　黒板にたくさん書き出しながら、足りないものは教師が付け足します。

　このとき、係のようなものが出てきてしまうので、それは係でやろうと教えます。

　教師が一人一役になるように、人数を決めた上で、自分がやりたい当番のところに、名前のマグネットを貼りにいきます。

　一人一役にする理由は、人数が多いと人任せになりがちだからです。

　子どもたちの責任感を育てる意味でも、原則は一人一役で取り組みますが、当番の種類によっては、複数人のところもつくります。たとえば、プリント配りや黒板担当は複数人にしています。

　そして、立候補の人数が多いところは、じゃんけんで決定します。

　決定した当番は、最初はやり方を教師が教えながら、１ヶ月くらいかけてできるようにします。

　当番がスタートしたら、やったことをチェックするシステムが必要です。

　これをしないと、多くの場合、やらない子が出てきてしまいます。

　私はマグネットを右から左に終わったら移動させるシステムを使っています。

視覚的に、だれが取り組んだかを確認できます。

　ただし、気をつけたいことは、やっていない子を注意するための材料にしないことです。

「窓開けてくれて、ありがとう。気持ちがいいよ」
「きれいに黒板を消してくれるから、字が書きやすいよ。ありがとう」
そんなポジティブな言葉がけが大切です。

② 当番免許皆伝制（渡辺道治氏追試）

　当番チェックのシステムもずっとやっていると、いずれマンネリ化します。

　何より、当番のチェックがなくても、責任感をもって取り組める子もたくさん出てくるでしょう。

　そんなときには、当番免許皆伝制のシステムを入れています。

　このシステムは、1ヶ月間自分で忘れずに当番をすることができたら、このチェックシステムを卒業していく手法です。

1ヶ月間達成できたときには、当番チェック卒業証書を渡してあげると、すごく喜びます。

　人は忘れるものですから、教師はその1ヶ月間が終わるまでの間に、確認はしてあげるとよいでしょう。

　「1週間、当番忘れずできている人？　素晴らしいね。当番を続ける力が身についてきたね」

　そのような日々の言葉がけは、大切です。

　さて、そうは言っても1ヶ月間のうちに、つい忘れてしまったりする子も出てくるでしょう。

　そんなとき、「最初からがんばりなさい」はちょっとかわいそうです。

　子どもの様子によっては、チャンスタイムをつくって、プラス3日間がんばれたら免許皆伝にするといったお目こぼしをします。

　どの取り組みでも共通することは、完璧を求めすぎないことが結果的にみんな幸せになると私は考えています。

③ みんな当番

　当番の仕組みが安定していれば、学級経営としては十分な状態です。

　ですが、子どもたちにさらに利他の心を育てたいと願うなら、『みんな当番』という取り組みをやってみるのも一つの手です。

　「3学期は、一人一役の当番をなくします。皆さんは、この8ヶ月間で、本当に責任感をもって当番活動できる人が増えました。これだけできる皆さんなら、もう当番がなくても、支え合って生活できるのでは？　と先生は思いました。具体的には、当番の仕事は残しておきますが、自分が必要だと思ったときに、自分で考えて当番をする仕組みにしませんか？　そうやってみんなで当番をやっていく仕組みにするのはどうでしょうか？」

　このような語りをすると、子どもたちのモチベーションはぐんと高まります。

　一人でいくつも当番をする子も出てくれば、自分が今までやってきた当番をあえて続ける子も出てきます。

　また、みんながやりたがらない仕事を率先してやろうとする子も出てきます。

　そうやって、支え合って当番活動をしていく姿が教室にあふれてきます。

　ただ、そうは言ってもまったくやらない子も出てくるかもしれません。

　ですから、率先して取り組んでいる子たちに、教師が感謝を伝えたり、子ども同士で、お互いの当番の姿について、感謝を伝え合ったりする中で、みんな当番の温かい雰囲気を広げていけるとよいでしょう。

係活動（会社活動）の帯指導

対象 全学年

おすすめ時間 朝のモジュール、休み時間、給食後の時間、学活

　私は係活動を『会社活動』と呼んで実践してきました。

　『〇〇会社』と呼ぶだけで、なんだか子どもたちもその気になっていきます。

　そして、この会社活動も1年間で発展、成長していきます。

帯指導年間イメージ

　係活動（会社活動）は立ち上げて、何もしなければ盛り上がっていきません。

　大切なことは、子どもたちに時間、場所、物に変化をつけながら提供し続けることです。

	1学期	2学期	3学期
実施内容	会社活動の立ち上げ	会社活動活性化プロジェクト	会社活動祭り
指導ポイント	子どもたちがワクワク感をもってスタートすると同時に、それを継続的に取り組めるための時間確保が教師の大切な仕事です。	会社活動はmust感でやるのはつらいです。子どもたちが相互に感謝し合える仕組みを教師はつくっていきます。	イベントは会社を成長させます。会社単体のイベントではなく、みんなで何かを創り上げる過程は、子どもたちの思い出にもなります。

1 会社活動の立ち上げ

会社活動の立ち上げは、５月くらいがよいと思っています。

これは、４月に当番活動を立ち上げ、それが安定してからの方が、学級としてエネルギーを会社活動に注げると考えるからです。

子どもたちもGW明けに会社活動がスタートすることを楽しみにしています。

会社活動の立ち上げは、概ね次のステップで行います。

１．会社活動の説明　※目的→クラスのみんなが幸せになる活動をする
２．思いつく会社を子どもに出させる
３．会社の内容について相互で質問
４．やりたい会社のところに名前を貼る　※基本２人〜５人で１つの会社
５．多ければ調整　※同じ内容の会社が２つできてもOK
６．会社ごとに看板を作成し、できた会社から活動開始
７．正式な社名をつくらせる　※社名は興味を引くとともに、何をやっているかわかる会社がよい

立ち上げた会社活動はつくっただけでは活性化しません。

大切なことは、子どもたちに、時間、場所、物を用意してあげることです。

この３つを上手に確保することで係活動が有意義なものへと変わります。

① 時間の確保

用意する３つのもののうち最も確保するのが難しいのは時間です。

休み時間以外にどのようにして時間を確保するかが重要です。

たとえば、週１回朝の15分を活動の時間に取る、給食後は会社の発表す

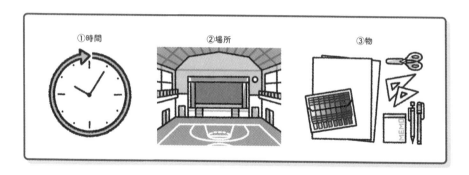

る時間にする、このような固定化した時間の確保があるだけで、会社活動は活性化します。

②　場所の確保

　活動できる場所は子どもに頼まれたら、可能な限り用意してあげます。

　理科室でお化け屋敷をやったり、音楽室で紅白歌合戦をやったりするなど、楽しい時間をつくるには、場所の確保が大切です。

③　物の確保

　いつでも使えるように、カラーペンや画用紙など会社グッズを教室の一画に常に置いています。

　また、大きな企画のときには、企画書を書く形式にしているため、企画書も教室のレターボックスに設置します。

❷　会社活動活性化プロジェクト

　会社活動を活性化するためにいくつかの仕掛けをしていきます。

（1）ランチミーティング

　会社活動について時間を確保することが難しいときには、給食を食べながら、ミーティング時間を確保しています。

　会社の仲が深まるだけでなく、金曜日に実施することで、来週の活動計画を立てることにもつながります。

（2）株主総会＆決算

　私の学級では株主総会をよく実施しています。

　株主は子どもたちです。

　1週間の活動を通じて、クラスみんなを幸せにしていた会社を、子どもたちの投票で選びます。選ばれた会社のポスターにはシールを貼っていきます。

　時には、教師からも会社のがんばりを評価してシールを貼ることもあります。

　さらに、学期末には決算として、もっともクラスを幸せにした会社を子

どもたちの投票のもと選び、表彰状を授与したこともあります。

このように係活動を通じて、子どもたちのがんばりを価値づけていく取り組みをしています。

（3）会社ハッピーレター

Google formを使えば、会社の相互評価がすぐにできます。

月１回がんばっていた会社をアンケートで評価するだけで、子ども同士の活動はさらに活性化するでしょう。

この際、それぞれの会社への感謝の言葉を伝え合うようにしたいです。

会社の悪い部分よりも、良いところに目を向け合うことで、クラスの雰囲気はより温かくなっていきます。

❸ 会社活動祭り

それぞれの会社活動が充実してきたら、みんなで一つの大きな会社活動祭りを創り上げます。

それぞれの会社ごとに、お祭りの屋台のように会社の活動にちなんだブースを設置します。

遊び会社がボウリング、占い会社が占い屋、折り紙会社が景品付きのくじ引きをつくったりするなど、それぞれの工夫ある出し物が披露されます。

会場には音楽会社が用意した音楽が流れ、会場は、飾り会社がつくった飾りで彩られます。

会社活動祭り全体の運営や司会進行には、実行委員を募って、子どもたち自身に任せるとよいでしょう。

１ヶ月くらい期間を確保して、子どもたちにしっかりと準備をさせてあげたいです。

　子どもたちの手づくりの祭りは、思い出とともに、彼らの創意工夫の力をきっと伸ばしていきます。

学級目標の帯指導

　学級目標がただの飾りになってしまっているクラスは多いです。

　学級目標をつくったときはあれだけ意識していたはずなのに、学級が終わるときに目標を子どもたちが覚えていないようでは、もったいないです。

　学級目標はつくったあと、どう使っていくかが大切です。

　使うのはもちろん子どもたち。

　子どもたちが1年間、学級目標を使い倒すための仕組みと声かけが必要です。

	1学期	2学期	3学期
実施内容	学級目標作成 学級目標暗唱 学級目標で価値づけ	学級目標の見える化 学級目標達成度 ミーティング	リニューアル学級目標
指導ポイント	学級目標を身近な存在にするために、教師の言葉かけと仕組みづくりが大切です。	学級目標の達成度について考える場が必要になります。成長と課題の両面から考えたいです。	学級目標をリニューアルすることで、次の学年をより意識できるようになります。

❶ 学級目標作成　学級目標暗唱　学級目標で価値づけ

（1）学級目標作成

　私は学級目標を5月の連休明けにつくることが多いです。

先生によっては4月すぐに学級目標をつくる方もいますが、私は5月の方がよいと思っています。

それは学級の強みと弱みを知った上で、目標を立てた方が具体的に目標を決めることができるからです。

まず、子どもたちに学級目標の意義を語ります。

「船が正しい方向に進むには、方角を示すコンパスが必要です。同じように学級にもコンパスがいります。それが学級目標です。このクラスをどんなクラスにしていきたいか、みんなで考え、学級目標（クラスのコンパス）をつくりましょう」

そのような短い語りを子どもにします。

次に、以下の手順で学級目標を作成します。

① 　学級の強みと弱みを出させる　※Googleformを使ってもよい

② 強みと弱みをみんなで見た上で、どんなクラスにしたいか黒板に書く

③ 共通するキーワードを見つける

④ 出てきたキーワードをもとに、再度学級目標をつくる

⑤ 再度、クラスから出された目標を投票か話し合いで決める

　4月に伝えた教師の願いが含まれていないときは、このキーワードは入れてほしいと事前に伝えます。

　教師も学級という船に乗る一員だからです。

（2）学級目標暗唱

　学級目標を身近なものにしていく手立てとして、私のクラスでは朝の暗唱の活動に学級目標を加えています。

　暗唱したから学級目標を意識できるかというと、そんな簡単ではありません。

　しかし、暗唱していることで、教師が投げかけたときに、学級目標について考えやすいと思います。

　何より、子どもたちが学級目標を大切にするようになります。

（3）学級目標で価値づけ

　学級目標が決まってすぐの時期に有効なのが、学級目標と関連させて子どもたちの行動を価値づけることです。

　「窓当番の子がお休みだったことに気づいて、自分から当番の仕事を〇〇さんは手伝っていました。これって学級目標の協力だよね。ありがとう」

　といったように、ほめ言葉に学級目標という付加価値をつけることで、子どもたちの中で、学級目標への意識が高まっていきます。

2 学級目標の見える化　学級目標達成度ミーティング

（1）学級目標の見える化

　学級目標の達成度を視覚的に見えるようにする方法もあります。

　たとえば、努力、協力、挑戦、優しさなどのキーワードが学級目標にあったとしたら、それに関係した行動があったときに、その項目の所にシールを貼っていく方法です（上の写真）。

　視覚的に子どもたちががんばる様子が見えます。

　シールを貼るのは子どもたちです。

　日直の人が1日の様子を見て、学級目標についてがんばっていた子を発表します。

　ほめられた子は、シールを貼るシステムです。

「学級目標を見てごらん。毎日少しずつ溜めてきた成長の宝箱がいっぱいになってきたね。何か感想はありますか？」

などと子どもたちが成長を語る場面を何度かつくるとよいです。

（2）学級目標達成度ミーティング

学級はずっと上り調子というわけにはいきません。

時に学級目標から遠のく場面もあるでしょう。

そんなときほど、子ども自身に自分たちは学級目標にどれくらい近づけているのか、考え話し合わせたいです。

「学級目標について、4つの項目に対して、それぞれ10点満点で何点くらいだと思いますか？　その理由も書きましょう」

そのような形でGoogle formを使ってアンケートをとります。

そのアンケート結果をクラスで共有して、それをもとに話し合いをします。

この際、大切なことは、課題を出し合うだけでなく、成長している部分も出し合うことです。

自分たちの成長もしっかり肯定していくことで、前を向いてチャレンジできます。

また、話し合いの最後には、必ず具体策まで決めたいです。

スローガン的な話し合いはしてもその後の効果は乏しいです。

③ リニューアル学級目標

学級目標をつくることも、使うことも大切ですが、1年間学級目標が同じである必要はありません。

3学期、次の学年を目指すにあたって、学級目標をリニューアルしてみるのも効果的です。

「○年生になる上で、今の学級目標に、どんな言葉を付け足したらよい
と思いますか？　理由とセットでノートに書きましょう」

そのようにして、学級目標に付け足しをします。

愛着がある学級目標だからこそ、変えずに、ちょっと言葉を付け足すよ
うな場合も多いですが、それでも次の学年に向けて、自分たちの目標をよ
り高くしようとするプロセスが、子どもたちの成長を促します。

宿題の帯指導

対 象 3〜6年生

おすすめ時間 朝の会、学活、家庭学習

宿題は1年間同じような内容になりがちです。

しかし、1年間で子どもたちも成長をしていくなら、宿題の難易度や子ども自身が考える余白も増やしていくべきだと考えています。

帯指導年間イメージ

多くの場合、若い先生は、学年で宿題や家庭学習をそろえる必要があるかもしれません。大きな変化はできないかもしれませんが、決まっている宿題の内容をレベルアップするように手立てを打つことはできるはずです。

	1学期	2学期	3学期
実施内容	ベーシックな宿題	選択肢のある宿題	自由度の高い宿題
指導ポイント	提出できない事情がある子は、朝学校で取り組むことも認めていきます。無理しません。	子どもたちが自分で宿題を考える余白を設計します。個別最適な宿題にします。	自学ノートなどで、自分で学びたいことを決めていけるようにします。

1 ベーシックな宿題

たとえば、次のような宿題があったとします。

漢字、算数プリント、音読。

まずは毎日この３つを提出する習慣づけをしていきたいです。

習慣化を促す最大の手立ては、教師の評価です。

ただ、丁寧にコメントを書くことは教師も継続するのが厳しいです。

そのようなときは、ハンコの数で評価をするのも一つの方法です。

たとえば、子どもの漢字の取り組みの丁寧さで、ハンコの数を１〜３つで変えて評価することで、子どもたちのモチベーションは高まります。

② 選択肢のある宿題

宿題に自己調整の場をつくっていきたいです。

たとえば、音読カードを次のように進化させます。

音読、読書、お手伝い、次の３つから自分で１〜３つを選択して取り組めるような学びレベルアップカードにします（QRコードにカードあり）。

この際、毎日思いつきで取り組むのではなく、自分で１週間の計画を立てて取り組むことで、自分に必要な学びを考えて取り組む力が育っていきます。

③ 自由度の高い宿題

自由度の高い宿題の代表が自学です。

３学期に設定していますが、もっと早い時期から取り組むこともできるでしょう。

自学ノートを取り組む際は、自学のテーマ集や参考例を与えたりすることで、家庭で取り組む内容に困ることが減ります。

また、自学コンテストのような形で、お互いの自学の写真をタブレットで共有し合い、コメントし合うことも刺激になります。

学びレベルアップカード　（記入例）

【取り組み方】①一週間の学びの計画を立ててみましょう。
　　　　　　　②一週間たったら、自分の取り組みについて、ふりかえってみましょう。
【保護者の皆様へ】子どもの学びの計画や取り組みを見守り、励まして頂ければ幸いです。
　　　　　　　　家の人からは、ハンコやサインなどの記入をお願いします。

日にち	計画 (1～2つ選んで取り組もう)	取り組んだ内容	自分 ◎○△	家の人	先生
9／11	(音読)、読書、自学、お手伝い	・わたしと小鳥とすずと	◎	OK	山崎
9／12	音読、(読書)、自学、お手伝い	・かいけつゾロリ　15ページ	○	山田	山崎
9／13	音読、読書、自学、(お手伝い)	・わたしと小鳥とすずと ・お手伝い　ごみすて	◎	OK	山崎
9／14	音読、読書、(自学)、お手伝い	・算数テスト勉強	○	山田	山崎
9／15	(音読)、読書、自学、お手伝い	・わたしと小鳥とすずと	◎	OK	山崎
ふりかえり	先週は、苦手な音読を多めにして取り組みました。少しずつすらすら音読できるようになってよかったです。家の人に声をかけられて取り組むことが多かったので、今週は自分から取り組めるようにしたいです。				
／	音読、読書、自学、お手伝い				
／	音読、読書、自学、お手伝い				
／	音読、読書、自学、お手伝い				
／	音読、読書、自学、お手伝い				
／	音読、読書、自学、お手伝い				
ふりかえり					

おわりに

　新年のラーメン開きは、家系ラーメンでした。

　ラーメン屋を出ると、後ろから追いかけてくる男の人影が。（新年早々、何か俺しちゃったかなぁ…）息を切らしながら、その男は話しかけました。

　「はぁはぁ、もしかして、山崎先生ですか！　俺、三の丸小学校でお世話になったＡです！」

　一瞬の間とともに、何年も前の顔が蘇ってきました。

　「えっ、Ａさん！？　うわぁー！！」

　なんと９年前に担任した教え子だったのです。目の前に立つ青年は、小学生の頃の面影を残しながらも、立派な姿で私の前に立っていました。そこから先は、あっという間にタイムスリップしたように、Ａさんと語り合いました。

　「今、受験勉強中なんですが、古典の勉強するたびに、暗唱や百人一首のことめちゃくちゃ思い出しています」

　彼の中に、今でも残っていたのが国語の帯指導だったのです。

　実は、このような教え子からの話をこの１年間だけで、何人も聞くことができました。

　「地名探しをやったこと、すごく覚えています」

　「高校で、百人一首覚える宿題が出たとき、ものすごく役立ちました」

　「小学校時代の友人とも、自学ノートは間違いなく糧になったねって話しています」

そのようなうれしい言葉を久しぶりに会ったときに、たくさんもらったのでした。そして、その中には、来年から同じ教職の道を志す教え子も。

　教師という仕事、そして、帯指導を続けて、本当によかったと思う出来事でした。

　学校教育の中で教師が教えることは山のようにあります。けれど、その中で身につくものは決して多くはないと思っています。だからこそ、つけたい力を1年間意識し、子ども自身が学び続けていくことが大切なのです。

「続ければ本物になる。続ければ思い出にもなる。続ければ子どもの未来も変わる」

　子どもたちの未来を豊かにする可能性が帯指導にはあるのです。

　最後に、この本を書くにあたり、帯指導の可能性を教えてくれたすべての教え子たちと編集担当として伴走してくださった東洋館出版社の北山俊臣さん。そして、私の力水である愛する家族に感謝を述べて、筆を置こうと思います。

　帯指導の先にある子どもたちの成長を願って。

2024年1月7日 教え子からきた年賀状を読む夜に

山崎克洋

参考文献一覧

ピーター・ブラウン（著），ヘンリー・ローディガー（著），マーク・マクダニエル（著），依田卓巳（翻訳）（2016）『使える脳の鍛え方』 NTT出版

Rohrer, D., Taylor, K., Pashler, H., Wixted, J. T., & Cepeda, N. J.（2005）. The effect of overlearning on long-term retention. Applied Cognitive Psychology, 19（3），361-374.

Rohrer,D., & Taylor,K.（2006）. The effects of overlearning and distributed practise on the retention of mathematics knowledge. Applied Cognitive Psychology: The Official Journal of the Society for Applied Research in Memory and Cognition, 20（9），1209-1224.

TOSS横浜、TOSS和教え方セミナー、教育サークル一刻館、TOSS関連セミナー等講座・講座資料

土居正博（2019）『クラス全員が熱心に取り組む! 漢字指導法─学習活動アイデア&指導技術』明治図書出版

向山洋一（1984）『学級集団形成の法則と実践─学級通信アチャラ』明治図書出版

村野聡（2012）『圧倒的な作文力が身につく「ピンポイント作文」トレーニングワーク』明治図書出版

杉渕鐵良 編（2014）『全員参加の全力教室─やる氣を引き出すユニット授業』日本標準

関根朋子（2018）『ユニバーサル音楽授業』学芸みらい社

NPO法人　翔和学園　NPO法人TOSS音楽教育研究会（2015）ふしづくり全ステップ　指示発問集

山本弘（2009）ふしづくり25段階　子どもの実践 第1巻

渡辺道治（2023）『イラストで見る 全活動・全行事の学級経営のすべて　小学校2年』 東洋館出版社

山崎克洋（2023）『教師1年目がハッピーになるテクニック365』東洋館出版社

平田治（2005）『子どもが輝く「魔法の掃除」─「自問清掃」のヒミツ』三五館

山本東矢（2019）『最高のクラスになる! 学級経営365日のタイムスケジュール表』学芸みらい社

HP

中学校英語教師のための指導資料（平成28年3月　東京都教育委員会）
https://www.kyoiku.metro.tokyo.lg.jp/school/document/global/files/junior_high/english1_1.pdf

本から学ぶ科学的ライフハック　『王道にして最強の学習テクニック「検索練習」のメリットとやり方など』
https://sishidax.com/%E7%8E%8B%E9%81%93%E3%81%AB%E3%81%97%E3%81%A6%E6%9C%80%E5%BC%B7%E3%81%AE%E5%AD%A6%E7%BF%92%E3%83%86%E3%82%AF%E3%83%8B%E3%83%83%E3%82%AF%E3%80%8C%E6%A4%9C%E7%B4%A2%E7%B7%B4%E7%BF%92%E3%80%8D%E3%81%AE/

分散学習　MIND『学習とテストの間隔を空けると記憶に定着する「分散学習」』（note記事）
https://note.com/1qaz3edc/n/n0c7cd2ed5fe3

五色百人一首協会『「五色百人一首」を教室で初めて行うときの指導の仕方』（YouTube）
https://www.youtube.com/watch?v=a59oOvK8EjM&ab_channel=%E4%BA%94%E8%89%B2%E7%99%BE%E4%BA%BA%E4%B8%80%E9%A6%96%E5%8D%94%E4%BC%9A

小学館『コトバト』
https://www.shogakukan.co.jp/pr/reikai/kotobato/

村野　聡のホームページへようこそ！『向山式200字作文ワーク』
http://s-murano.my.coocan.jp/index.htm

吉田高志『小学校の先生と一緒に百玉そろばんで10の合成と分解に挑戦しましょう。』
（YouTubeチャンネル）
https://www.youtube.com/watch?v=TCJwpSOqfuI&ab_channel=%E5%90%89%E7%94%B0%E9%AB%98%E5%BF%97

熊本市教育センター『デジタル教材』（小学校時計アプリ）
http://www.kumamoto-kmm.ed.jp/kyouzai/web/tab_menu1.htm

mama kanon『【知ってる歌で覚える】かけざん九九 1の段：きらきらぼし〜人気の歌で裏ワザ暗記にチャレンジ♪』（YouTube）
https://www.youtube.com/watch?v=nxOkTNW7WyU&ab_channel=mamakanon

すくすくキッズTV『【かけざん99のうた】ポケモンと一緒に覚えようかけ算九九！未就学児も簡単に覚えれるかけ算99!』（YouTube）
https://www.youtube.com/watch?v=B8R_C2_HDnA&ab_channel=%E3%81%99%E3%81%8F%E3%81%99%E3%81%8F%E3%82%AD%E3%83%83%E3%82%BATV

ネットチャレンジ『かけ算九九　モンスターズ』
https://sikoku.jp/2022/99bs/

『かけざんマスター ククハチジュウイチ』
https://seipsg.main.jp/kuku81/

eboard（イーボード）
https://info.eboard.jp/use

ギアドリル
https://sikoku.jp/2022/gia/

まなゲーらんど『アリスメティックマスターズ２』
https://www.19online.net/am2/

Kahoot！（カフート）
https://kahoot.com/

wakelet『Kahoot！の杜のリンク集』（カフートの社）
https://wakelet.com/wake/X0dRSV7mwHXEMazxa1hW4

カエウタちゃん『【替え歌】「紅蓮華」で都道府県全部覚えよう！【鬼滅の刃】【MAD】』
https://www.youtube.com/watch?v=3292katVhQs&ab_channel=%E3%82%AB%E3%82%A8%E3%82%A6%E3%82%BF%E3%81%A1%E3%82%83%E3%82%93

授業準備TV_byフォレスタネット『【都道府県】リズムで楽しく暗記！〜暗記する割合100％!?〜』
https://www.youtube.com/watch?v=QIq0NcsDWMc&ab_channel=%E6%8E%88%E6%A5%AD%E6
%BA%96%E5%82%99TV_by%E3%83%95%E3%82%A9%E3%83%AC%E3%82%B9%E3%82%BF%E3%8
3%8D%E3%83%83%E3%83%88

Start-Point『47都道府県を答える日本地図クイズ』
https://www.start-point.net/map_quiz/nihonchizu/

帝国書院『楽しく学ぶ小学生の地図帳』（都道府県サイト）
https://ict.teikokushoin.co.jp/02esmap_qr/quiz/index.html

unity『都道府県パズル』
http://www.sakulearning.sakuratan.com/t-land/ToDoFuKen-Puzzle/

正進社『フラッシュカード』
https://www.seishinsha.co.jp/book_s/category.php?p=117

SeishinshaWeb 『正進社 1分間フラッシュカート 01 都道府県』
https://www.youtube.com/watch?v=4HtqM4I6lvY&t=134s&ab_channel=SeishinshaWeb

NHK for School『しまった！〜情報活用スキルアップ〜「インターネット検索」』
https://www2.nhk.or.jp/school/watch/bangumi/?das_id=D0005180233_00000

NHK for School『しまった！〜情報活用スキルアップ〜「考えを整理する」』
https://www2.nhk.or.jp/school/watch/bangumi/?das_id=D0005180235_00000

正進社『フラッシュカード』（理科）
https://www.seishinsha.co.jp/book_s/category.php?p=117&c=122

しょくぶつはかせ（正進社）
https://www.seishinsha.co.jp/book_s/detail.php?b=368

はかせけんてい（正進社）
https://wakuwakuzukan.seishinshasho.net/quiz/

ネットチャレンジ『これでもか　理科単語帳』
https://sikoku.jp/2022/mocatan/

図工人
https://zukoujin.com/

タイピングガ-Z
https://typingerz.com/

全国小学生キーボード検定サイト『キーボー島アドベンチャー』
https://kb-kentei.net/

プレイグラムタイピング
https://typing.playgram.jp/

続ければ本物になる
帯指導の教科書

2024（令和6）年3月 1 日　初版第1刷発行
2024（令和6）年6月14日　初版第2刷発行

著　者　山崎克洋
発行者　錦織圭之介
発行所　株式会社 東洋館出版社
　　　　〒101-0054　東京都千代田区神田錦町2-9-1
　　　　　　　　　　コンフォール安田ビル2階
　　　　代　表　TEL：03-6778-4343　FAX：03-5281-8091
　　　　営業部　TEL：03-6778-7278　FAX：03-5281-8092
　　　　振　替　00180-7-96823
　　　　ＵＲＬ　https://www.toyokan.co.jp

［装　丁］原田恵都子（Harada＋Harada）
［イラスト］喜多まこ
［組　版］株式会社明昌堂
［印刷・製本］株式会社シナノ

ISBN 978-4-491-05418-6　　　　　　　　Printed in Japan

JCOPY 〈（社）出版者著作権管理機構 委託出版物〉
本書の無断複写は著作権法上での例外を除き禁じられています。複写される
場合は、そのつど事前に、（社）出版者著作権管理機構（電話 03-5244-5088、
FAX 03-5244-5089、e-mail: info@jcopy.or.jp）の許諾を得てください。